ファーストコールカンパニーシリーズ

働き方改革より
〝学び方改革〟から始めよう

教育改革を
先導している
リーダーたち

細江一樹 著

タナベ経営 教育・学習ビジネスコンサルティングチーム リーダー

＋

タナベ経営 教育・学習ビジネスコンサルティングチーム 編

ダイヤモンド社

はじめに

「これからの教育」のこと、ご存じですか？

私には二人の子どもがいる。公立小学校に通う七歳と九歳だ。

本書の締め切りが迫るなか、先日、九歳の子どもの授業参観があり、どうにか時間の都合をつけて参加した。教室のなかでは、切り絵でデザイン（柄）をつくる図工の授業が行なわれており、児童たちは豊かな発想でさまざまな形や色彩の作品づくりを楽しんでいた。

私は、この公立小学校の授業とは別に、子どもを習い事にも通わせている。

一つ目は「公文式」教室である。

私は暗算が得意なほうだが、これは幼少期に公文式教室へ通ったおかげだ。考えるより先に解答を出せるくらいになった（これが現在の仕事にも生かされている）。まさに「やっててよかった公文式」で、自分の子どもにもそれを体得させたいと思い、幼稚園の頃から通わせている。

二つ目は「スイミングスクール」だ。

これは、子どもの健康や体づくりのためである（プールや海水浴場で恥ずかしい思いをさせたくないという親心もある）。スイミングスクールの社長の話によると、幼児や小学生が通う理由のほとんどは、本人の意志ではなく「親が通わせたいから」らしい。ご多分に漏れず、私もそのうちの一人である。

なぜ、私は公文式やスイミングスクールに子どもを通わせたいのか？

どちらも、私自身が「子どもの頃にやっていて役に立った」と感じたからである。私は裕福な家庭で育ったわけではないが、親はさまざまな教育機会（そろばんや学習塾、通信教育など）を与えてくれた。そのなかで、「習得してよかった」と実感したものだけを、自分の子どもにも習わせている。

だが最近、「本当に、それだけでいいのだろうか？」と思うようになった。それは、経営コンサルタントとして、教育業界を研究することになってからだ。

二〇二〇年、戦後最大級の教育改革が始動する

東京オリンピック・パラリンピックが開催される二〇二〇年、〝戦後最大規模〟ともいわれる教育改革が動き出す。「大学入試センター試験」が廃止され、それに代わり

「大学入学共通テスト」がスタートするのである。

これに伴い、学習指導要領が改訂され、幼稚園・保育所から高等学校までの学習スタイルが大きく変化していく。端的にいえば、従来の「知識人の養成」から「職業人の育成」へと方向転換するのだ。

また、ＡＩ（人工知能）やロボットの発達により、多くの仕事が今後、自動化されていく可能性が高い。二一世紀社会を生き抜く上で必要な能力は、これまでと大きく変わるだろう。予想外の事態を乗り越える力や、変化のスピードの速い社会で活躍できる人材の育成が求められている。

では今後、教育産業は、従来のビジネスモデルをどう変えていくべきなのだろうか。本書では、現在の業界最新事例から、変化と成長のヒントを紹介したい。

本書の構成について

私たちは、これから教育が大きく変わっていくことを、分かっているようで実はよく分かっていない。これは、教育業界に携わっている方々も同様である。業界の内部に長くいると、自分に直接関わる領域・分野については詳しいが、その周辺の領域・分野については疎くなりがちである。

「微差は大差を生む」というように、自分たちには大きな影響がないと思っていた小さな変化も、巡り巡って大きな変化となって押し寄せてくる場合が少なくない。教育業界にこれから起こるであろう変化は、たとえ直接影響がないと思えるようなものであっても、目配りをする必要がある。

そこで第1章では、日本の教育業界を取り巻く環境について、俯瞰《ふかん》的に述べていきたい。具体的には、「入り口」である学校側と、「出口」に当たる企業側のそれぞれにおける、教育を巡る動きについて紹介する。私は、教育に関わる産業を一つの「ビジネスエコシステム」（企業や教育機関、公共団体が自然界の生態系のように相互に連携し共存共栄する仕組み）として捉えているため、できる限り経営的視点を盛り込んでいる。

第2章から第5章にかけては、新たな取り組みで注目を集めている学校や学習塾、〝人生一〇〇年時代〟になって注目され始めた「学び直し（リカレント教育）」、学び方を変えるといわれている「ＥｄＴｅｃｈ（エドテック）」など、これからの教育ビジネスをけん引していく分野について述べていく。

さらに、最終章（第6章）では、早稲田大学ビジネススクール（大学院経営管理研究科）教授・池上重輔氏と私との対談から、「未来の教育」について考えていきたい。

なお、本書の内容は、タナベ経営が主催する「教育・学習ビジネス研究会」で取り上げた事例を基に構成している。読者の皆さんが、全国の優秀企業・学校の取り組みから豊かな学びや多くの「気付き」が得られることを願っている。本書が、変化に向けた一歩を踏み出すきっかけとなれば幸いである。

二〇一九年七月

タナベ経営 教育・学習ビジネスコンサルティングチーム リーダー 細江 一樹

教育改革を先導しているリーダーたち◎目次

Contents

第2章

学校が変われば、未来が変わる

第3章

学習塾から見える教育の未来

Contents

第4章 教育×ITで広がる可能性

第5章 人生一〇〇年時代における〝学び〟

Contents

第6章 未来の「学び」と「働き方」

第1章

教育ビジネスを取り巻く環境

二〇二〇年から教育改革が始まる。とはいえ、その年から一斉に改革がスタートするわけではない。大学入試制度が大きく変わるメルクマールの年度が〝二〇二〇〟であり、実はすでに二〇一八年から、その前準備となる改革が動き出している。

「大学入試がどう変わるのか」「中学校・高校ではどのような影響があるのか」という点ばかりに注目が集まっているが、そもそも、なぜ教育システムを変える必要があるのかを押さえなければ、今の教育産業の動きは理解できない。まずは、そのことについて述べていきたい。

1 二〇世紀の日本の経済成長は〝二〇世紀型教育〟の成果

戦後、日本は高度経済成長期を経て、世界第二位の経済大国に上り詰めた。二〇世紀の日本は工業社会。経済成長をけん引するのは製造業であり、よいモノを、いかに正確に、速くつくることができるかが重要であった。

そんな時代における日本の教育はどうだったかというと、読者の多くの方が受けてきたであろう、黒板を前にして机を並べ、一人の先生の授業を集団で受けるスタイルだった。

国語であれば、「同じ漢字を何度も書いて覚える」。
算数であれば、「数字の違う計算式を何度も解く」。
社会であれば、「年号や単語をひたすら暗記する」。
こうした教育手法を批判するつもりはない。大人数による画一的・記憶重視の教育は、二〇世紀社会では大いに効果を発揮した。なぜなら、製造業（工場）の人事考課では、「正確性」や「スピード」という項目が評価される。したがって、

決められたことを、決められたようにする。
決められたことを、速くできるようにする。
決められたことを、正確に行なえるようにする。

――ということが重視されたからだ。この教育こそが、二〇世紀の工業社会で日本が経済成長できた要因といえよう。

しかし、二一世紀はそうではない。グローバル社会かつ情報社会である。世界中に流れているさまざまな情報を組み合わせて解を求める社会であり、〝正解〟が一つとは限らない社会なのである。

こうした社会の変化のなかで、日本の教育はどのように対応してきたのか。一九八〇年以降、「知識重視型」教育への批判から、いわゆる「ゆとり教育」が導入されたものの、結果として学力低下を招き、知識重視型教育に戻すこととなった。

つまり、いまだに〝二〇世紀型〟の教育を行なっている現状があるのだ。

これでは、「日本の教育は時代遅れ」といわれても仕方がないだろう。

一つ、分かりやすい例を挙げてみよう。

日本一の難関大学として有名な東京大学。世界と比較するとどうか。英国の教育専門誌『THE（タイムズ・ハイアー・エデュケーション）』が発表した世界ランキングの順位を見ると、四二位（二〇一九年版）。八年前のランキング（二〇一一年版＝二六位）に比べ大きく後退している（**図表1－1**）。

ちなみに、その間の日本の経済成長率（実質国内総生産）の世界ランキングも、九六

図表1-1　THE世界大学ランキング

順位 2011年版	順位 2019年版	大学名	順位 2011年版	順位 2019年版	大学名
6	1	オックスフォード大学	15	11	スイス連邦工科大学チューリヒ校
6	2	ケンブリッジ大学	13	12	ジョンズホプキンス大学
4	3	スタンフォード大学	19	12	ペンシルベニア大学
3	4	マサチューセッツ工科大学	22	14	ロンドン大学ユニバーシティー・カレッジ
2	5	カリフォルニア工科大学	8	15	カリフォルニア大学バークレー校
1	6	ハーバード大学	18	16	コロンビア大学
5	7	プリンストン大学	11	17	カリフォルニア大学ロサンゼルス校
10	8	エール大学	24	18	デューク大学
9	9	ロンドン大学インペリアル・カレッジ	14	19	コーネル大学
12	10	シカゴ大学	15	20	ミシガン大学アナーバー校
			26	42	東京大学

出典：The Times Higher Education「World University Rankings」

図表1-2　製造業の労働生産性水準上位15カ国の変遷

（単位：USドル、加重移動平均した為替レートにより換算）

	2000年		2005年		2010年		2016年	
1	日本	85,182	アイルランド	154,011	アイルランド	230,321	アイルランド	447,190
2	アイルランド	84,696	米国	103,967	スイス	164,272	スイス	182,423
3	米国	78,583	スウェーデン	103,812	スウェーデン	130,804	デンマーク	146,481
4	スウェーデン	75,803	フィンランド	103,497	米国	128,394	米国	140,205
5	フィンランド	74,454	ベルギー	99,761	デンマーク	125,744	スウェーデン	129,833
6	ベルギー	68,427	ノルウェー	99,633	ノルウェー	124,556	ベルギー	122,207
7	ルクセンブルク	64,955	オランダ	98,138	ベルギー	121,351	オランダ	114,860
8	オランダ	63,648	日本	94,186	フィンランド	119,763	ノルウェー	109,915
9	デンマーク	62,542	デンマーク	88,739	オランダ	115,400	フィンランド	107,689
10	フランス	61,961	オーストリア	86,597	オーストリア	108,969	オーストリア	107,366
11	オーストリア	59,052	ルクセンブルク	85,327	日本	105,569	英国	102,202
12	英国	59,004	フランス	84,090	フランス	103,143	フランス	101,576
13	ノルウェー	58,714	英国	83,706	ドイツ	98,699	ルクセンブルク	101,494
14	ドイツ	55,737	ドイツ	78,871	カナダ	92,597	ドイツ	100,599
15	イスラエル	54,873	オーストラリア	66,588	アイスランド	91,889	日本	99,215

出典：日本生産性本部「労働生産性の国際比較2018」（2018年12月19日）

位（二〇一〇年、実績値ベース）から一六九位（二〇一八年、推計値ベース）へ大きく順位を下げている。日本の強みである製造業の労働生産性の国際比較（ＯＥＣＤ／経済協力開発機構・上位一五カ国）を見ても、二〇〇〇年はトップだったのが、二〇〇五年には八位、二〇一〇年は一一位、そして二〇一六年では一五位まで後退している（**図表1-2**）。

こうした経済の成長力低下は、少子高齢化や人口減少などのさまざまな要因が絡んでいるが、私は硬直化・陳腐化した教育システムも少なからず影響を及ぼしたのではないかと考えている。収益を上げる主体は企業であるが、企業を動かしているのは人である。社会が大きく変化しているにもかかわらず、人を輩出する教育の構造がほとんど変化しなかったため、経済も世界から取り残されているのが現状だ。

2　二一世紀型教育への転換

では、二〇二〇年度の教育改革で何が変わるのか。まず、社会で必要とされる能力・資質について、文部科学省の資料から引用しよう（**図表1-3**）。

「厳しい時代を乗り越え、新たな価値を創造していくため、**知識量だけでなく、『真の**

図表1-3　「真の学ぶ力」育成に向けた高大接続のあるべき姿

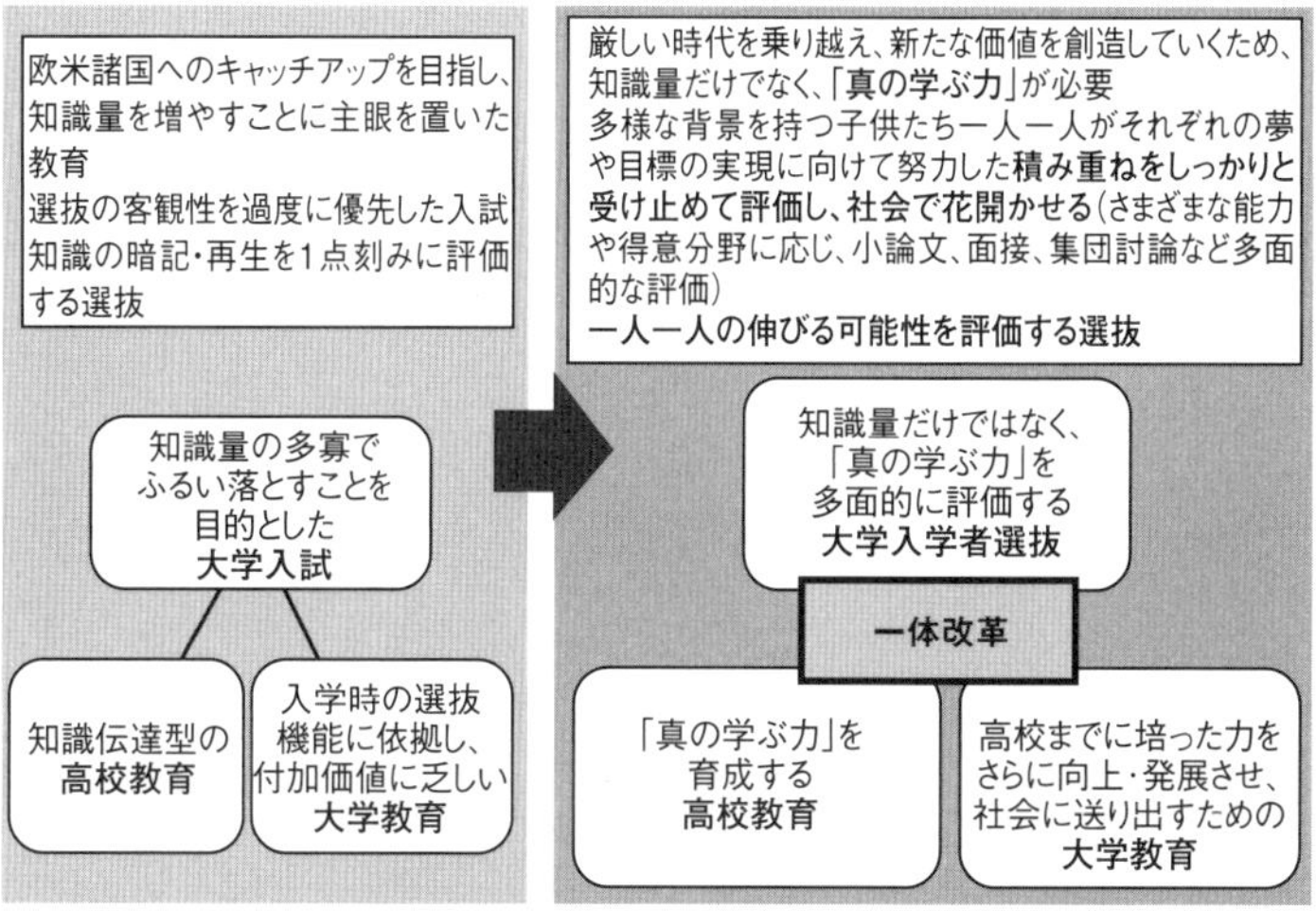

出典：内閣官房・日本経済再生本部/産業競争力会議 雇用・人材・教育WG（第4回）「文部科学省提出資料」（2015年2月17日）

図表1-4　学力の3要素

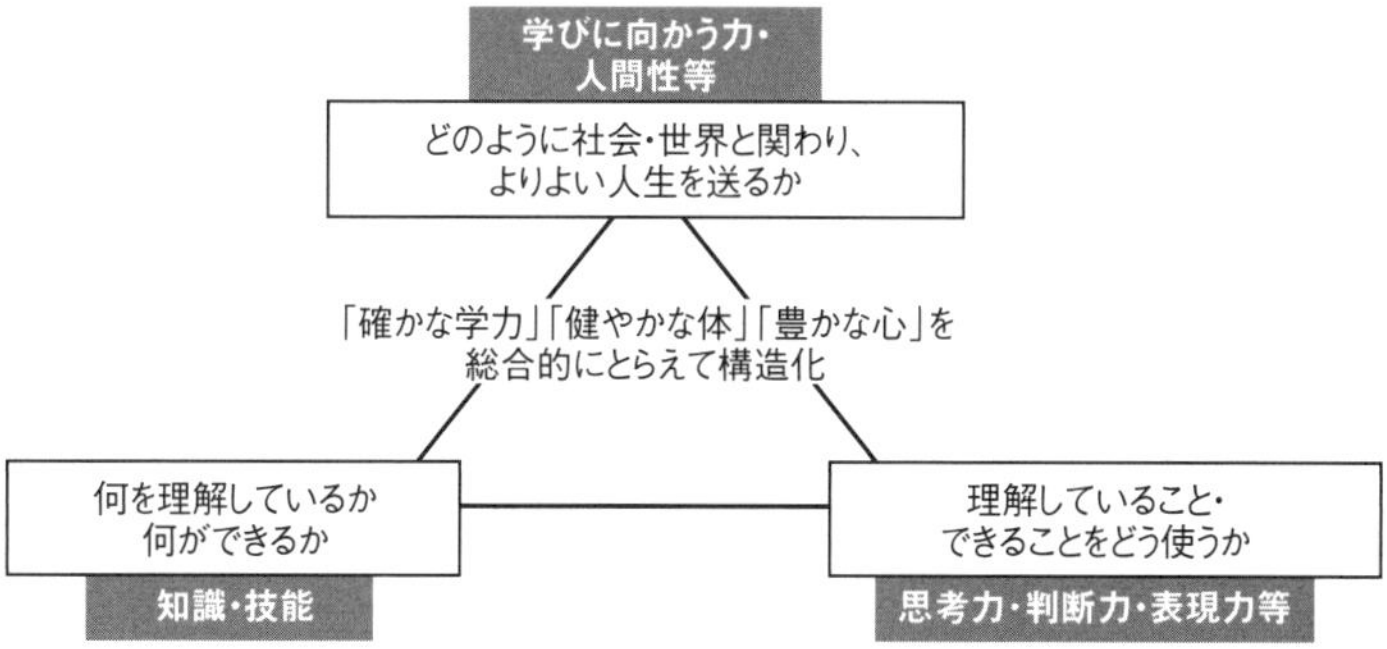

出典：文部科学省「新しい学習指導要領の考え方」

学ぶ力』が必要」

そして、こうした考えに基づき、文部科学省は学習指導要領を改訂し、「学力の3要素」**（図表1－4）**、すなわち「学びに向かう力・人間性等」「知識・技能」「思考力・判断力・表現力等」をバランスよく育成する方針へと改められた（従来の教育は「知識・技能」の習得に比重が置かれていた）。

では、これらの3要素を、どのようにして身に付けさせようというのか。そのキーワードが、「教育アプローチ」と「カリキュラム編成」であり、それらを適正に評価できる「大学入学共通テスト」が二〇二〇年度に始まる**（図表1－5）**。

教育アプローチの具体策としては、最近、よく聞かれるようになった「アクティブ・ラーニング（能動的学習）」の導入である。簡潔にいえば、受け身型の授業からの転換だ。児童・生徒・学生らは、調査学習やグループワークなどを通じて、主体的・能動的に学ぶ姿勢を習得する。カリキュラム編成については、これまで重視されてきた知識習得（学んだことをきちんと理解しているか）だけでなく、思考力や判断力、表現力といった「理解した知識をどのように使うか」に大きなウエートが置かれるようになる。それに合わせて、履修科目も変わる。

例を挙げると、小学3年生から英語教育がスタートする。もともと、小学5年生か

図表1-5　「教育改革2020」のポイント

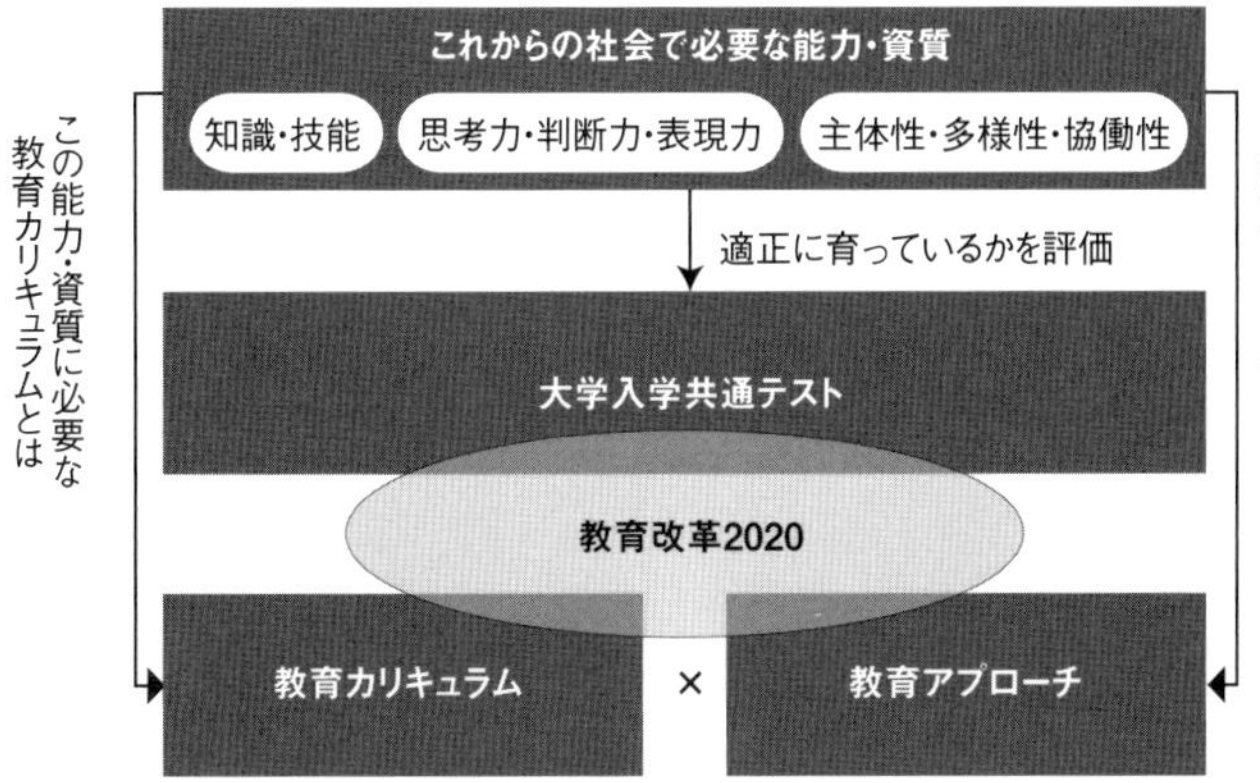

出典：タナベ経営作成

らスタートしていたが、さらに二年前倒しされる（一九八〇年代生まれの私は中学1年生からだったが）。

また、コンピューターに意図した処理を指示するためのプログラミング教育が必修化される。今の親世代は義務教育で習わなかった教科であるため、家で子どもから「お父さん、お母さん、分からないから教えてよ」と聞かれても、答えられない人がほとんどだろう。子どもと一緒に教科書とにらめっこする人、「学校の先生に聞きなさい」と逃げる人が続出しそうだ。子どもの疑問に答えるためのプログラミング入門書やパパママスクールが今後、あちこちで見られるようになるかもしれない。

高校では、現代社会の課題を捉え、社会に参画する力を養うための「公共」や、近代の歴史を考察する「歴史総合」という科目などが導入される。私たちが学んだことのない、さまざまな教科・科目が新設されていく。

大学では、入試の仕組みが変わる。こちらはメディアの報道も多いので、ご存じの方も多いかもしれない。まず、センター試験がなくなる。その代わり二〇二〇年度（実施時期は二〇二一年一月中旬）には「大学入学共通テスト」が新設され、前述の思考力・判断力・表現力について問われるようになる。

具体的には、全問マークシート方式から、記述式の問題も含むように変わり、さらに英語では「聞く・書く」能力のみが問われていたが、今後は「話す」能力も求められるようになる。

二〇二〇年度の教育改革は、これからの社会を生きていく上で必要とされる能力を育成するための教育カリキュラムが構成され、それを評価できる仕組みまで整理するものなのだ。

3　学校がなくなる？

今、日本の学校が危機に瀕している。

何が危機なのか。学校の数が年を追うごとに減っているのだ。日本の学校数（国公私立の幼稚園〜大学・専修・各種学校などの合計）はピークの六万六一三六校（一九八五年）から、五万六六四三校（二〇一七年）へと約一万校減少している（図表1-6）。このうち小・中・高校の推移を見ると、小学校は二万五〇四〇校から二万九五校、中学校は一万一一三一校から一万三二五校、高校は五四五三校から四九〇七校とそれぞれ減少している。

大きな要因は、いうまでもなく少子化である。在学者数が一九八五年の二七七六万人から、二〇一七年には一八八九万人へと約七割の規模にまで縮小した。児童・生徒数の減少に伴い全国の小・中・高校の統廃合が進んでおり、二〇〇二年度から二〇一七年度までの一六年間で七五八三校が廃校した（文部科学省「廃校施設等活用状況実態調査」、二〇一八年度）。一年平均で約五〇〇校（四七四校）が廃校していることになる。

今、全国的に「空き家問題」が取りざたされているが、地方においては廃校校舎の利活用が進まずに廃墟となり、地域の治安の悪化を招くという「廃校問題」も深刻化し

図表1-6　学校数・在学者数の推移（国公私立）

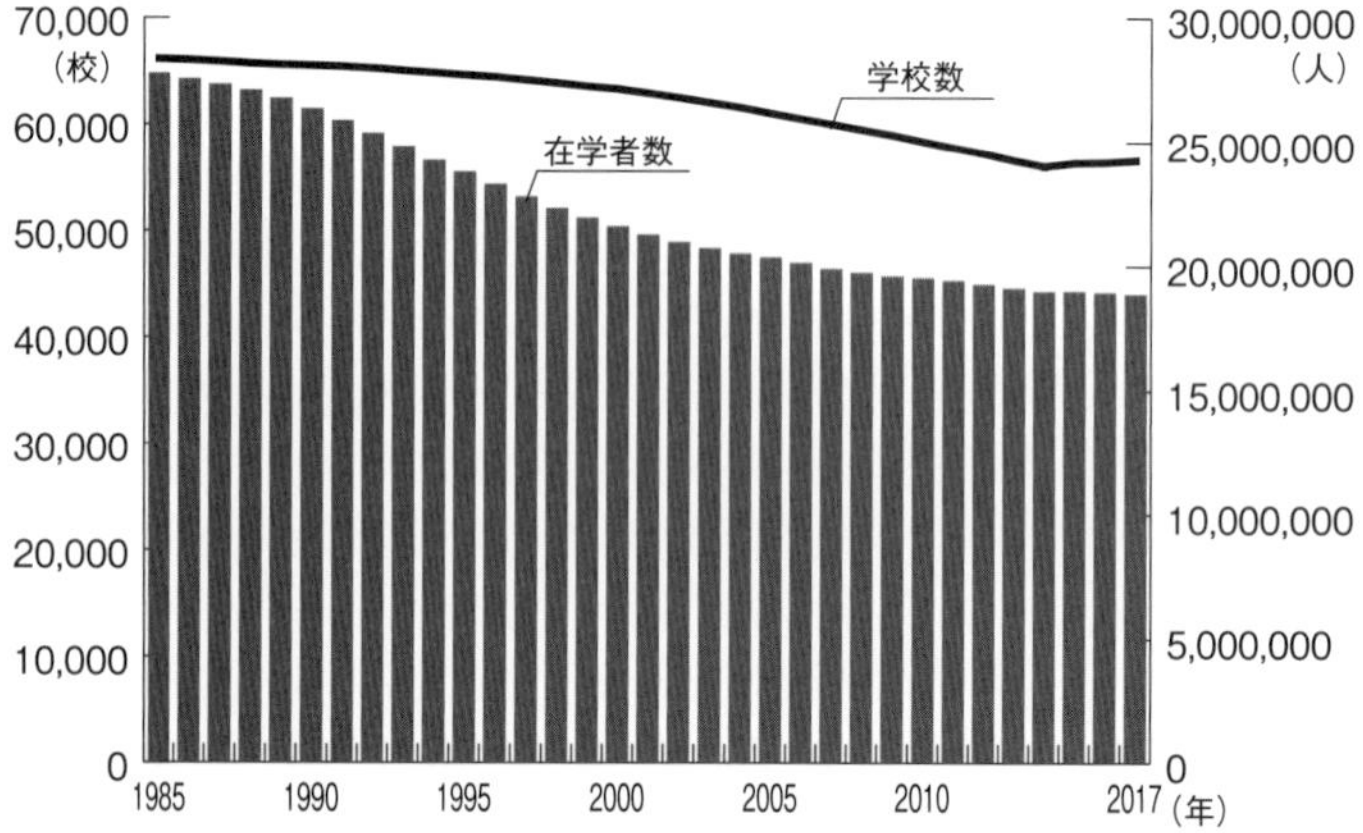

出典：文部科学省「文部科学統計要覧（2018年版）」

つつある。

さらには高度人材の養成・輩出機関である大学も、いわゆる「二〇一八年問題」によって存続の危機にさらされている。二〇〇九年から一二〇万人程度で横ばいを続けていた一八歳人口（男女計）が、二〇一八年以降は減少傾向をたどり、二〇三〇年には約一〇〇万人、二〇四〇年には八〇万人まで減少すると予測されている（**図表1－7**）。大学にとって、マーケットサイズが長期にわたって縮小を続けることになる。とりわけ地方においては定員割れが常態化し、今までは考えられなかった「大学倒産時代」が現実味を帯びてくる。

実際、私立大学の入学定員充足率（入

図表1-7　18歳人口（男女別）の将来推計

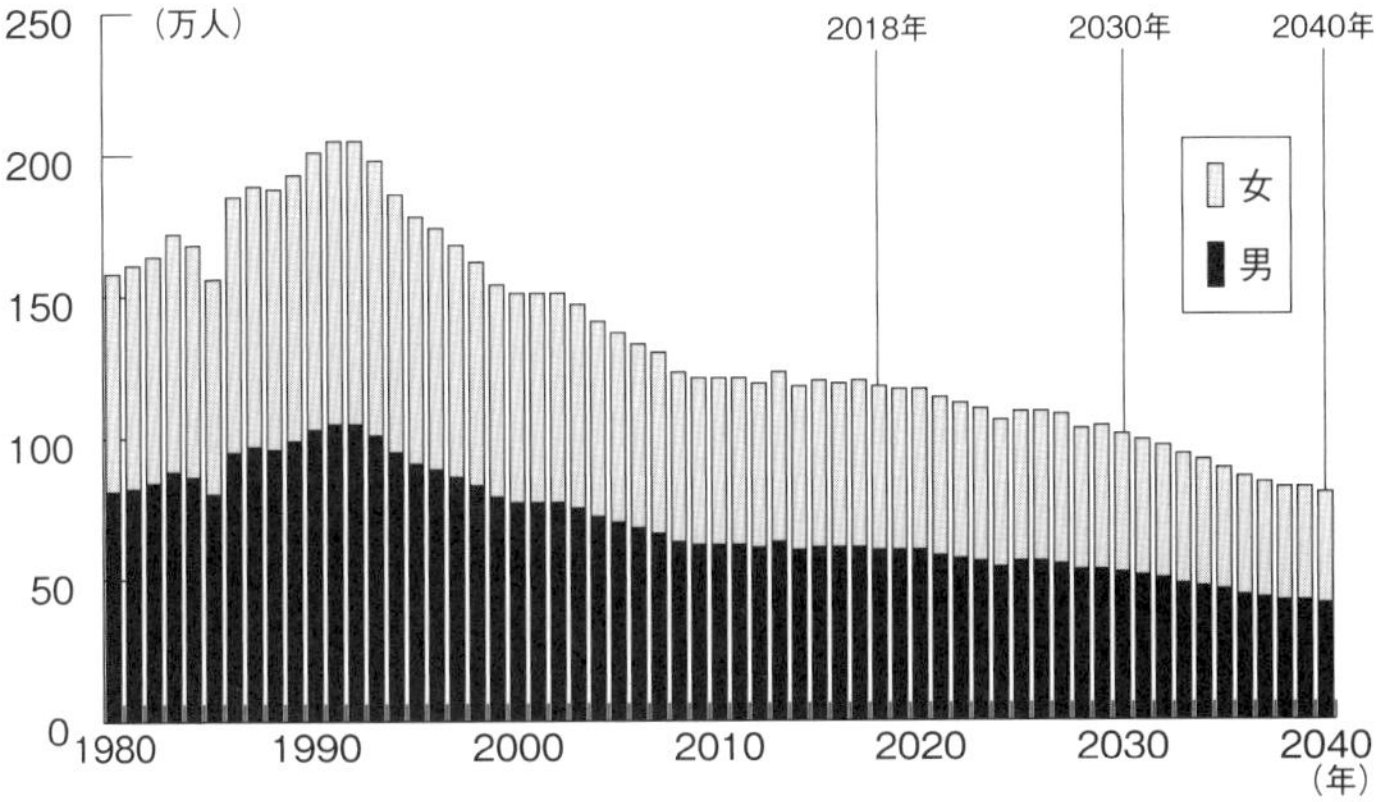

出典：2027年以前は文部科学省「学校基本統計」、
2028年以降は国立社会保障・人口問題研究所「日本の将来推計人口（出生中位・死亡中位）」
資料：文部科学省「高等教育の将来構想に関する基礎データ」（2017年4月11日）

図表1-8　私立大学における入学定員充足率の推移

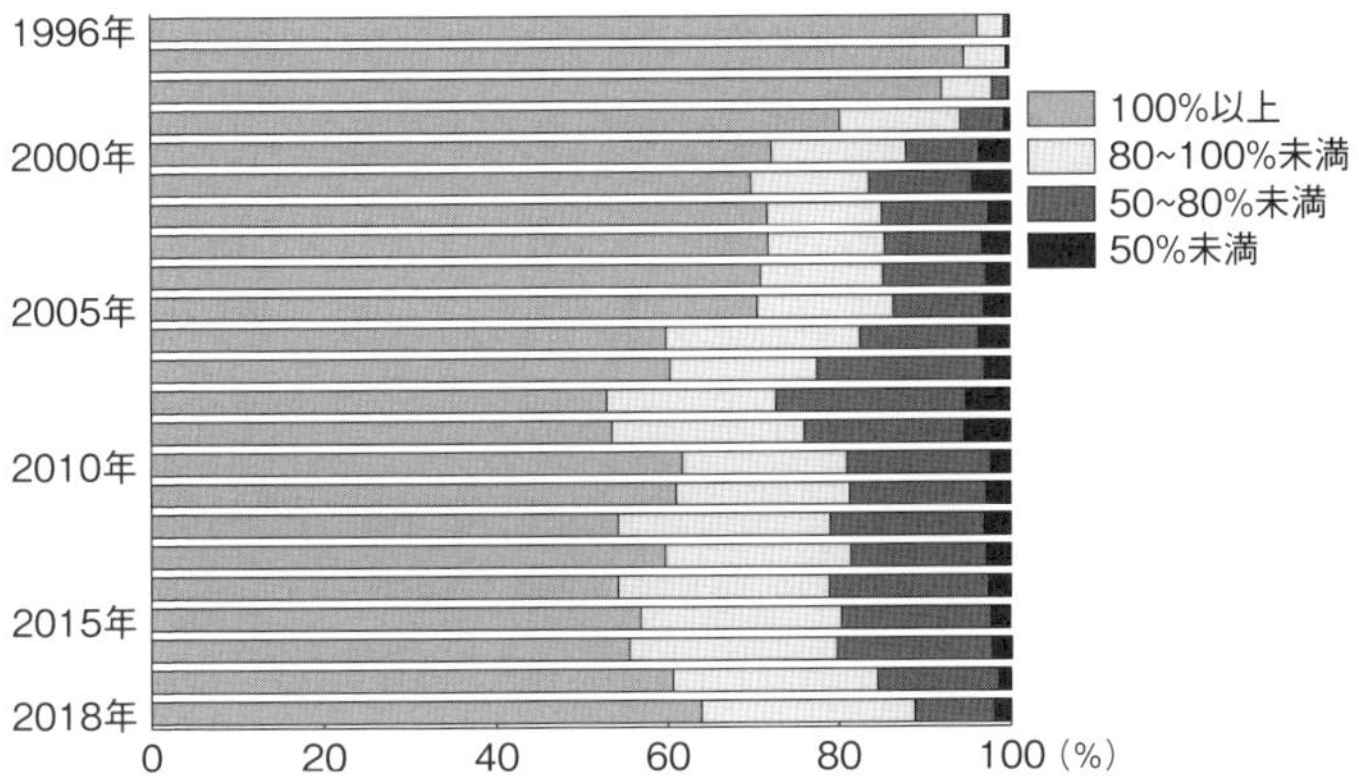

出典：日本私立学校振興・共済事業団「2018年度 私立大学・短期大学等入学志願動向」

学者数／入学定員数）を見ると、一九九六年度での充足率一〇〇％以上の大学の割合は九割を超えていたが（九六・二％）、二〇一六年度には五割程度（五五・五％）にとどまっている（**図表1－8**）。つまり、残りの約半数の大学は定員割れという状況である。

なお、その翌年度から充足率が六割台に回復しているが、これは二〇一六年度から文部科学省が定員超過（充足率一〇〇％以上）の大学に対し、収入（入学金・授業料）を余剰に得ていることを理由に「私立大学等経常費補助金」の配分基準を厳格化したため、補助金の減額を嫌がった三大都市圏の私立大学が合格者を絞り込んだ影響による。文部科学省のこの方針は、都市圏の人気私立大学の合格者数を減らすことで地方の若者流出を抑え、東京一極集中の緩和と定員割れが続く地方私立大学を救済するという狙いがある。

地方圏を中心に、私立大学の多くが学校経営に苦しんでいる。日本私立学校振興・共済事業団が私立大学・短期大学など九一四校を運営する全国六六二法人を対象に行なった経営診断結果（二〇一七年度）によると、経営が困難な状態にある法人は一〇三法人（一五・六％）だった。このうち二〇二〇年までに破綻するおそれがある「レッドゾーン」は一七法人（二・六％）、二〇二一年度以降に破綻のおそれがある「イエローゾーン」は八六法人（一三・〇％）だった。

もっとも経営の困難さは国立大学も変わらない。国からの運営費交付金は、法人化された二〇〇四年以降、毎年一%ずつ縮小。この一〇年間で総額は約一兆二四〇〇億円から約一兆一一〇〇億円と、約一三〇〇億円減少した。

学校運営の効率化に向けて、全国の国立大学では運営法人統合の動きが進んでいる。例えば、名古屋大学と岐阜大学は二〇一八年一二月二五日に基本合意書を締結し、二〇二〇年度に両大学を傘下に置く新法人「東海国立大学機構」の設立を目指している。また北海道では、小樽商科大学、帯広畜産大学、北見工業大学の三大学が統合・新法人創設（二〇二二年四月）を進めているほか、静岡大学と浜松医科大学、奈良女子大学と奈良教育大学なども、新国立大学法人の設立構想を掲げている。公立大学においても、大阪府立大学と大阪市立大学が運営法人を統合して「公立大学法人大阪」を二〇一九年四月に設立。二〇二二年の統合を目指して協議が進められている。

国公私立大学は今後、例外なく経営の効率化が急務になっていくだろう。

4　学校と企業のミゾ

さて、ここまで学校側の視点で教育産業の動向について書いてきた。一方、〝ゴール〟である企業側はどうなのだろうか。新卒学生を採用する企業においても、二〇二〇年度の教育改革の影響は大きい。なにせ、社内の人間が誰も経験していない教育を受けた人たちが入社してくるのである。自社は、改革後の教育を受けた学生を受け入れることができるだろうか。受け入れる土壌・教育体系はあるだろうか。

教育制度の変更により、企業側で混乱を来したケースがあった。まだ記憶に新しい「人事の二〇一〇年問題」である。これは二〇一〇年に、団塊世代の大量退職が完了する一方で、授業時間や学習内容が少ない、いわゆる「ゆとり教育」を中学時代から受けた〝第一世代〟の大学生が初めて新卒社員として入社。新卒者の基礎的能力への不安から、世代交代が組織の劣化につながりかねないと懸念された問題である。

ゆとり世代（諸説あるが一九八七～二〇〇四年生まれ）について、こんなデータがある。日本生産性本部と日本経済青年協議会が毎年公表している「新入社員『働くことの意識』調査」の経年結果を見ると、「人並み以上に働きたい」と答えた新入社員は、二〇〇九年度から四年連続で上昇したものの、中学校全期間（三年間）でゆとり教育を受けた世代が入社した二〇一三年度から下降に転じ、二〇一八年度に過去最低の水準となった。一方、「人並みで十分」の回答割合は二〇一三年度から上昇に転じて逆転し、二〇一八年度には六割を超え、過去最高を更新した（**図表1-9**）。両者の差は調

図表1-9　「人並みで十分」か「人並み以上に働きたいか」（経年変化）

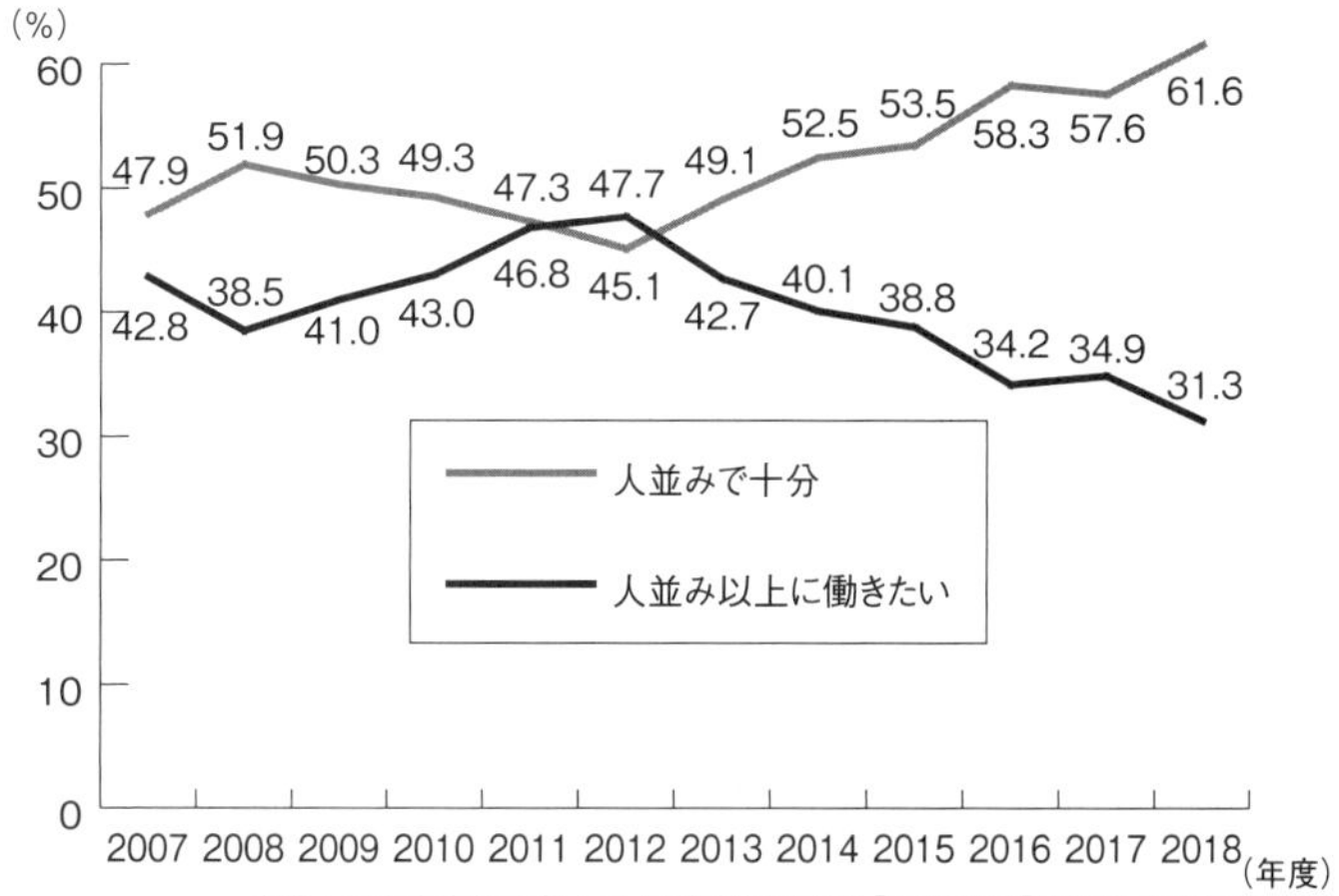

出典：日本生産性本部・日本経済青年協議会「新入社員『働くことの意識』調査」

査開始以来で最大（三〇・三ポイント）だったという。ちなみに二〇一八年度に入社した新入社員は、唯一、小学校入学から高校卒業までゆとり教育を受けた「フルゆとり世代」と呼ばれる層である。

また、厚生労働省の「能力開発基本調査」を見ると、能力開発や人材育成に関して何らかの「問題がある」と回答した事業所の割合は、二〇一一年度以降、増加傾向をたどっている（**図表1-10**）。もちろん、この結果だけから、ゆとり教育を長く受けた新入社員ほど、人材育成上で問題が多いとは決めつけられない。しかし、新卒者（大卒）の就職後三年以内離職率が二〇一一年度入社から高止まりで推移し、離職者数自体も増加に転じて

図表1-10　人材育成に関する問題がある事業所

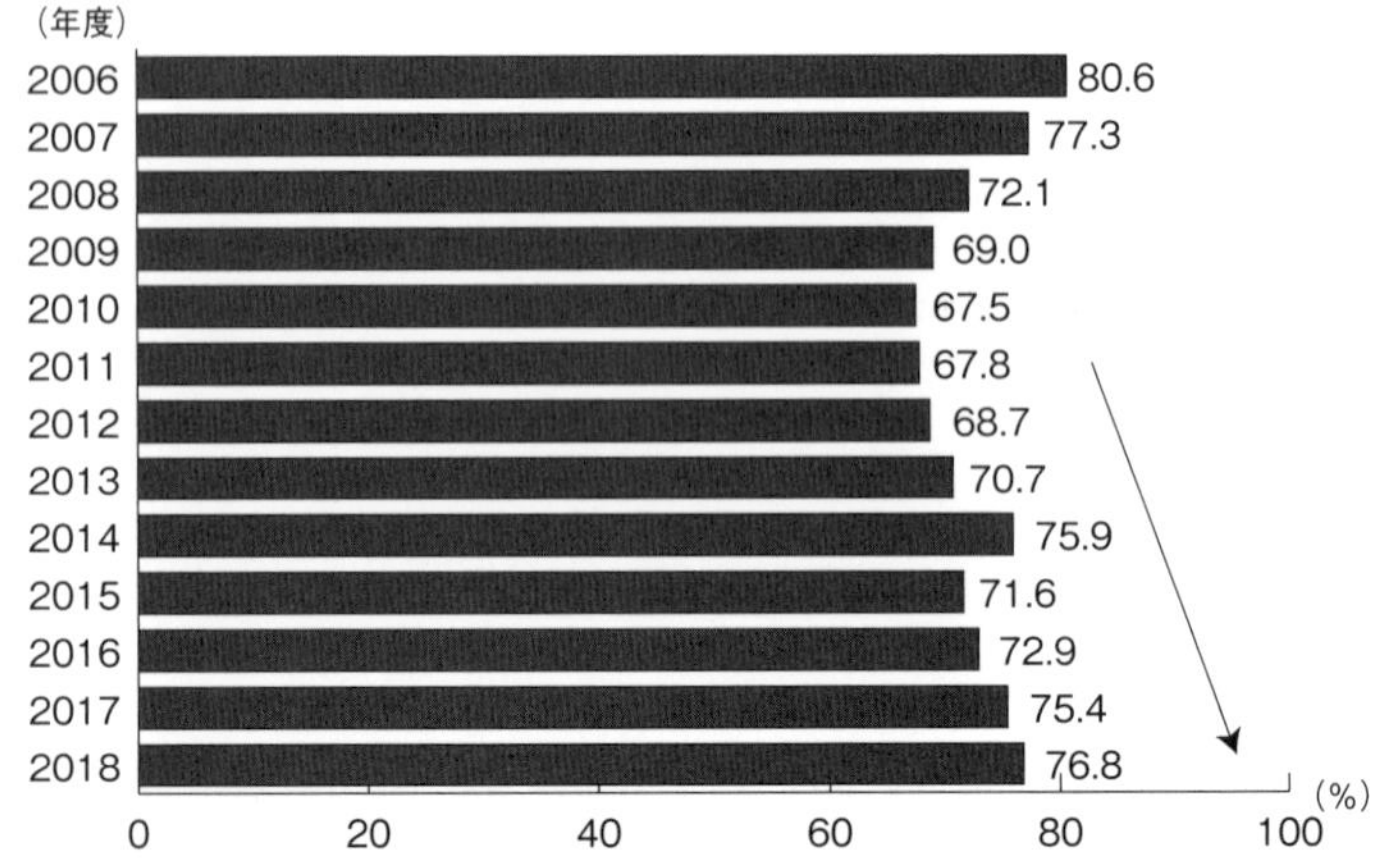

出典：厚生労働省「能力開発基本調査」

図表1-11　新卒就職者（大学）の離職状況

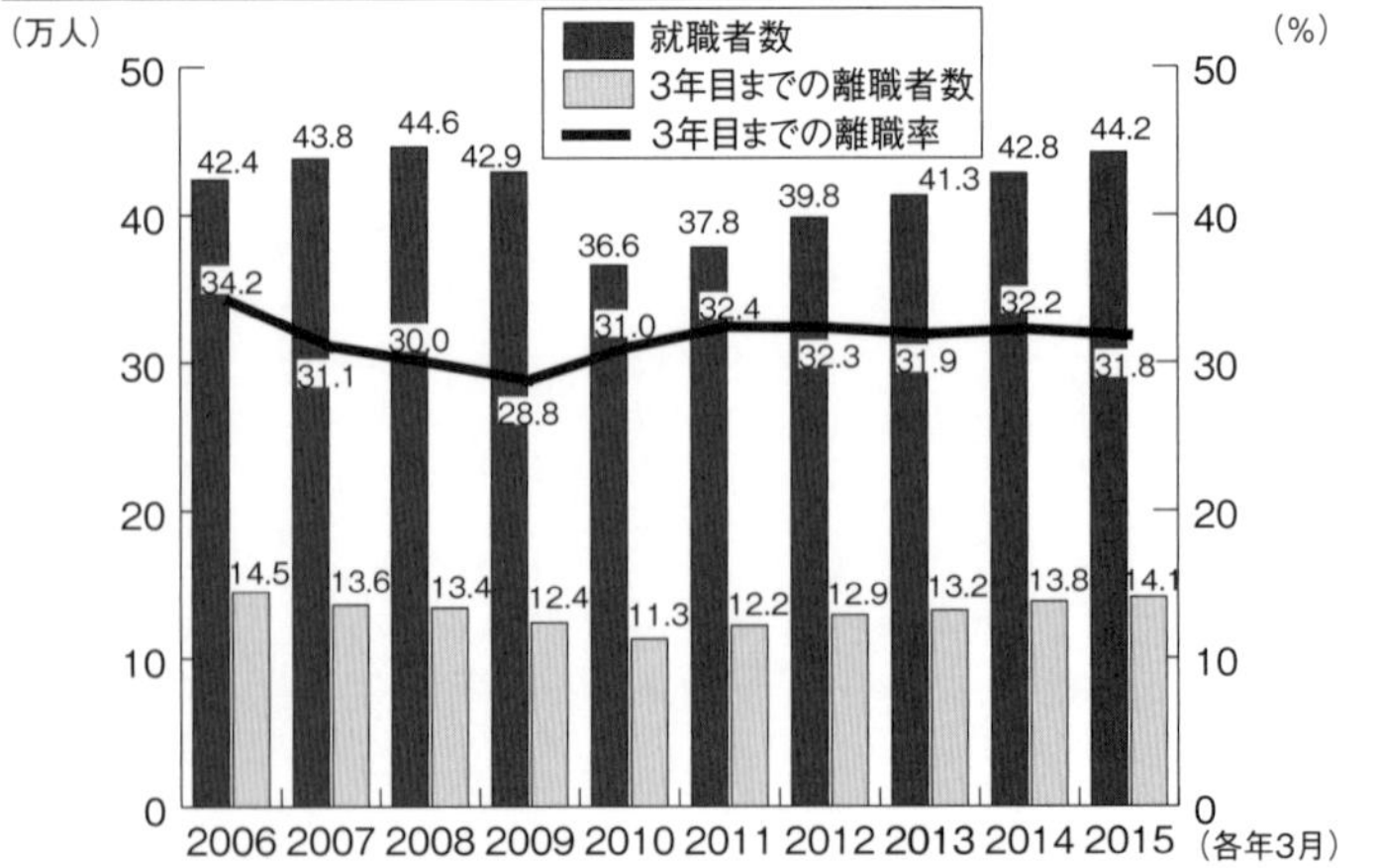

出典：厚生労働省「新規学卒就職者の離職状況（2015年3月卒業者の状況）」（2018年10月23日）

いる（図表1－11）。ゆとり教育世代の新卒者と、彼ら・彼女らを育成する企業の間で、〝ミゾ〟が広がっている向きは否めない。

私は以前から、企業経営者や人事担当者の方から、最近の若者に対する不満をたびたび耳にする。「叱るとすぐ辞めてしまう」「コミュニケーションが取れない」「何を考えているのか分からない」などである。今でさえこのような声を聞くのだから、二〇二〇年度の改革後の教育を受けた若者たちを、スムーズに受け入れるのは難しいと思えてならない。

では、経営者や人事担当者は教育改革に対し、どう備えればよいのか。まずは、今の学校や教育に関して、もっと感度を上げることである。前述したように、新卒者と企業の間には大きなミゾができてしまっている。企業は学生に対して不満を持ちながらも、採用計画数を確保するため内定を出している現状がある。大学に不満をいっても仕方がないので、入社後の新入社員教育に注力し、自ら底上げを図らざるを得ない。

もちろん、学生を輩出する学校も対策が急がれよう。世の中は働き手不足であり、学生にとっては「売り手市場」だ。学校や学生は、特段の努力をせずとも、ほとんどが就職できる。入学者を集める売り文句として「就職率一〇〇％」を掲げる学校は多いが、今や何のインパクトもない。そこで学校は、学生に対して「皆が名前を知っている企業を受けなさい」と知名度重視の就職支援を行なっている。

つまり、学校は学生しか見ていない。また、企業も学生しか見ていない。そのため、学校と企業の間にもミゾが生まれている。

そうではなく、学校は企業の理念や風土、成長性を、企業は学校の教育内容までしっかりと把握し、学生が本当にビジネス社会で活躍・成長できるかどうかを真剣に考えていくべきなのである。たとえ、教育改革によって学校が高度専門職業人を育成し、企業も求める人材像を明確にしたにせよ、双方が大手志向の就職実績づくりと一流大学志向の採用活動を重視していたら、いつまでたっても人材のミスマッチはなくならないだろう。

5　企業が学校を立ち上げる

企業が人材採用に苦慮するなか、一つの流れが生まれつつある。**企業が学校を立ち上げる**という流れだ。前述したように、企業は学校から思うような人材を採用できないという現状がある。であれば、企業自らが学校を運営し、その卒業生を自社で採用すればよい、というスキームだ。その事例として、北海道で宿泊施設などを運営する

「野口観光グループ」と、製薬会社の「大鵬薬品工業」の二社を取り上げたい。

少子化が進むなか、学校同士による生徒募集競争は激化しているが、もはや学校のライバルは学校だけではない。そんな時代が、すでに到来しているのだ。

事例① 野口観光グループ
野口観光ホテルプロフェッショナル学院

●観光のプロを育てる教育訓練校

主に北海道で旅館・ホテルなどを展開する野口観光グループ（本社・登別市）は、二〇一八年四月、宿泊業の職業訓練校「野口観光ホテルプロフェッショナル学院」を苫小牧市に開設した。ホテル従業員として必要な知識や技能・技術、外国語をはじめ、北海道の歴史や文化などを学んでもらい、広い視野と専門能力を持った人材を養成する。

二年制の総合ホテル学科で入学定員（一学年）は三〇名。全寮制で入学金と授業料は無料である。入学者は高校新卒者に限定し、社員として採用し給料も支払う。卒業後は他社にも就職できるという。

「野口観光ホテルプロフェッショナル学院」で広い視野と専門能力を持つ人材を養成

履修教科は三六科目あり、観光概論や簿記会計、ホテル・観光関連の法律知識、北海道の歴史や文化など講義中心の一七科目と、接客やベッドメーク、英語、中国語、韓国語の基礎会話などの実技が一三科目、また、観光学科がある大学との連携や、道内で活躍する文化人などの特別講義六科目を組み込んでいる。同社の主要ホテルで幹部職員などが指導する現場研修も実施する。

また、「北海道観光マスター検定」（北海道商工会議所連合会が主催）や「日本の宿おもてなし検定」（ＪＴＢ総合研究所）、「ホテルビジネス実務検定試験」（Ｈ検、日本ホテル教育センターが実施）など、業務に役立つ約一〇種類の資格取得も促す。

座学、実技、現場研修を合わせた訓練時間は、一、二学年ともに年間一四〇〇時間である。

●観光発展を担う人材の確保、育成

同社は、毎年五月の連休明けから、担当者が道内と青森県内の高校約四〇〇校を訪問するなどして、学院の説明や入学を呼びかけるという。同学院は「宿泊業はきついとして若者から敬遠されがちで、離職率も高い。二年間かけて観光業のやりがいや楽しさをじっくり伝え、これからの観光業を支える人材を育てていきたい」としている。

観光関連コースを設けている専門学校は道内でほかにもあるが、宿泊事業者が自前で養成学校を開設する例は、全国的にも珍しい。道や北海道観光振興機構では、北海道観光の発展を担う人材の確保、育成につながるとして、同学院に期待を寄せている。

事例② 大鵬薬品工業

グローバル・ワン・アカデミー

●人材育成のための企業内大学

「愛情一本」「飲み過ぎ、二日酔いのむかつきに」。栄養ドリンク「チオビタ」や胃腸内服液「ソルマック」など、テレビコマーシャルでおなじみの大鵬薬品工業。一般消費者にはOTC医薬品（一般用医薬品、市販薬）メーカーのイメージが強い。

だが、そうした製品群（コンシューマーヘルスケア）は同社の売上げ全体の一割にすぎない。残りの九割は、医師の診断に基づいて処方される医療用医薬品だ。医療関係者の間では、大鵬薬品工業といえば「経口抗がん剤（口から飲む抗がん剤）のパイオニア」としてその名を知られる。

同社は、従来の国内ビジネス中心からグローバル展開へと事業を拡大するなか、それとともに解決すべき多種多様な課題も増えてきた。国を超えて文化・習慣、考え方の違いなどに柔軟に適応しながら、海外のメンバーやパートナー企業とともに課題を解決できるスキルを持ったグローバルリーダーの育成が、大きな問題として浮かび上がったのだ。

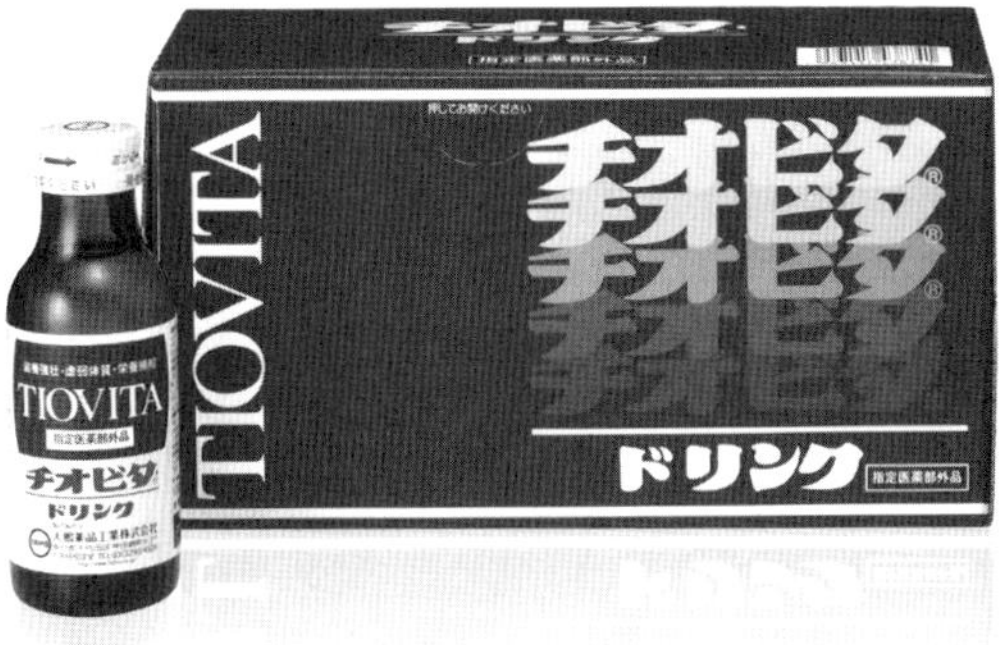

大鵬薬品工業のロングセラー商品「チオビタ」

二〇一六年七月、「(グローバル展開の担い手である)『人財』の教育を急ぎたい」という経営幹部の協議のなかから生まれたのが、企業内大学の「Global One Academy（グローバル・ワン・アカデミー、以降、GOA)」である。リーダーシップを発揮しつつ、経営課題を解決できるグローバルリーダーを持続的に生み出すことを目的に設立した。

同社は、世界の名だたるリーダーが三〇代から活躍していることに着目。若手の力を引き出すことで社内を活性化していきたいとの考えのもと、まずは入社二年目から一二年目頃までの若手社員を対象とした「ジュニアコース」を開講し、参加希望者を社内公募した。その後、書類と小論文による選考を経て、第一期生二三名が選抜された。

ジュニアコースでは、論理的思考力や課題設定・解決力、コミュニケーション力など、次世代のグローバ

1年間活発な議論を繰り返し、最後には研究成果を発表する

ルリーダーとして必要な基礎的スキルとリーダーシップについて、グループワークと職場での実践を中心に一年間にわたり学ぶ。

一年間、活発な議論を繰り返し、最後は卒業ワークとして班ごとにテーマを決めて、研究成果を発表した。社内の仕組みや戦略に対する改善案も多く出され、同席した同社社長をうならせたという。

二〇一七年七月にGOAを卒業した一期生は早速、それぞれの職場で培ったスキルを活用し、「この製品をどうやって売っていこうか」などと課題解決に励んでおり、成果は着実に表れ始めているとのことだ。

●将来は希望者全員が受講できるように

ＧＯＡの創設と運営から、思わぬ成果も生まれた。同校の運営には、人財育成を初めて経験する数名のスタッフが「コースコーディネーター」という役どころで参加していた。毎月の研修の企画・運営の過程でスタッフ自身もリーダーシップについて学び、このアカデミーや自身が果たすべき役割を自ら見つけ出し、率先して企画・運営を進められるようになったという。

人財を育てるプログラムを推進しながら、運営するスタッフ自身もまた成長する。出来合いの外部研修にはない効果が、企業内大学にはあるようだ。

ＧＯＡの研修では、役員やベテラン社員も教壇に立ち、若い頃の失敗談やどんなポリシーで働いてきたかを講義している。社員にとっては、自分の成長に生かせると同時に、企業理念を多角的に理解することにもつながり、格好の自社教育となっている。

卒業ワーク発表会には、ベテラン社員を中心に一〇〇人以上が出席し、改善点を提案する若手らの姿に熱い視線を注いでいたという。二〇一九年七月には、第三期生（一六名）が卒業ワーク発表会を実施。次世代に対する期待が、その視線に込められている。

第2章

学校が変われば、未来が変わる

1 今、教育を変えなければ、日本は三流国家に転落する

今、戦後最大規模と評される教育改革が進んでいる。文部科学省が重い腰を上げる決断を下した要因は、次の通りだ。

現在の子どもたちが成人して社会で活躍する頃には、人口減少や経済のグローバル化の進展、絶え間ない技術革新などにより、社会や職業のあり方そのものが大きく変化するだろう。そのような時代を乗り切るには、日本の伝統や文化に立脚し、高い志や意欲を持つ自立した人間として、他者と協働しながら価値の創造に挑み、未来を切り開いていく力が求められる。そのためには教育のあり方を進化させる必要がある。

これからの社会を生き抜くために必要な能力は、大きく変わらざるを得ない。その現実を、政府はようやく認めたのだ。

こうした動きに対して、「教育改革を行なうべき時期に来ていることは間違いない。今、教育を変えなければ、二〇年後の日本の成長は見込めず、三流国家に転落してしまう」と断言し、既存の教育の継続に警鐘を鳴らすのが、「全国専門学校青年懇話会」会長の前鼻英蔵氏（学校法人西野学園理事長）である。前鼻氏は、文部科学省の「専修学校の質の保証・向上に関する調査研究協力者会議」の委員を務めた、専修（専門）

学校業界における若手経営者の中心的存在である。

第2章では、その前鼻氏にご登場を願い、二〇二〇年度からスタートする教育改革への考え方や、今後の専修（専門）学校および大学の存在価値について論じていただく。その上で、一連の教育改革のポイントである「ICT（情報通信技術）の活用」「幼児教育の充実」「専門職大学の創設」「プログラミング教育の導入」に関して、教育ビジネス界の動きを取り上げる。

具体的には、インターネットと通信制高校の制度を活用した新しい高校である「N（エヌ）高等学校」、一流の料理人だけでなく、食の文化や産業をも育む「辻調グループ」、独自のメソッドにより有名スポーツ選手を多数輩出している「バディ企画研究所」、先進プログラミングの普及を目指して全国の教育機関へ多彩な教材を提供する「アーテック」を、現在の教育課題に立ち向かう革新的な企業事例として紹介する。

インタビュー①　全国専門学校青年懇話会／前鼻英蔵会長（学校法人西野学園理事長）

教育は日本の経済力を高める切り札

●全国専門学校の若手幹部が集結

創業以来、学生の「生きるための力」の醸成に取り組んでいる西野学園。一九六五年、前鼻氏の父にあたる時彦氏が、西野桜幼稚園（札幌市）を開園したのが始まりである。

その後、調理師高等専修学校の開校を経て、一九八二年に医療系専門学校へ進出。現在は札幌を拠点に、医療福祉系専門学校四校、幼稚園二園、学童保育一カ所を運営する。

前鼻氏はそんな同学園のかじを取りながら、専門学校（高卒者対象の専門課程を置く専修学校）の次世代経営者が集う「全国専門学校青年懇話会」の会長も兼務する専門学校業界の若手経営者の筆頭格である。

全国専門学校青年懇話会とは、全国の専門学校の若手幹部や次世代経営者の会である。これからの専門学校経営に必要とされる知識の習得や情報交換と同時に、他県も含めた全国の同業者とのネットワークづくりを目的にしている。年に一回の本大会と数回のセミナー開催を中心に活動しており、大会には毎年五〇～六〇人が参加。昨今の教育環境のなかで、専門学校が抱える諸問題について解決の糸口を探る研修として、のべ一〇〇〇人を超える参加者がこれまでに受講している。

●ものづくり大国を生んだ成功体験が改革を阻む

「平成時代の三〇年間、中国をはじめとする諸外国が躍進するなか、私たち日本人は、失われた二〇年、三〇年と呼ばれる経済低迷の屈辱を味わいました。その一因は、旧態依然とした教育システムにあります。一九八〇年代後半から九〇年代にかけて、世界各国は多種多様な教育制度改革に踏み切りました。しかし、日本の教育制度は、戦後一度も変わっていないのです」

そもそも日本の戦後教育は、大量生産のための単一労働を長時間行なう、工場のラインに従事するブルーカラーを育てるシステム教育だった。

規律や校則をひたすら順守し、年長者の話にじっと耳を傾け、大量の宿題を黙々とこなす……。戦後生まれの人々が慣れ親しんだ教育は、同じ仕事を長時間、苦痛を覚えずに繰り返すことを習得させるプログラムであり、その訓練の場として学校が存在したのだ。

前鼻氏も「戦後の教育システムは、QC活動などとも連携して高品質なものづくり、さらに安全な社会づくりにも貢献し、日本の成長を支えてきたことは紛れもない事実です」と評価する。

その半面、戦後の荒廃から「東洋の奇跡」と呼ばれた高度経済成長を遂げるという、日本史上最大級ともいえる〝成功体験〟が新しい道をさえぎる高い壁となり、教育改革は遅々として進まなかったことも事実だ。

しかし今、時代は私たちの予想をはるかに超えて変動している。

「モノの生産拠点が日本から歯が抜け落ちるように消えていき、『ソサエティー4・0』（情報社会）から新たな『ソサエティー5・0』へ向かうなかで、AI（人工知能）やIoT（モノのインターネット）などの新たなトレンドが出て、国境を越えた多様な人々と協働しながら経済活動に従事するには、日本の今までの教育システムでは、まったく対応することができなくなってきました」と前鼻氏は言う。

●アクティブ・ラーニングで「ソサエティー5・0」の活躍人材を育成

ソサエティー5・0とは、「サイバー空間（仮想空間）とフィジカル空間（現実空間）を高度に融合させたシステムにより、経済発展と社会的課題の解決を両立する、人間

前鼻英蔵氏《まえはなえいぞう》

全国専門学校青年懇話会会長
学校法人西野学園理事長
1968年生まれ、北海道札幌市出身。札幌大学大学院経営学研究科修了後、1995年学校法人西野学園へ入職。2000年理事長に就任。以降、社会福祉法人宮の沢福祉会理事長、全国専修学校各種学校総連合会理事、総務委員、（公社）北海道私立専修学校各種学校連合会常任理事、（一社）札幌市私立幼稚園連合会理事など。

中心の社会」と定義（内閣府）されている。

これは、「ＩｏＴですべての人とモノがつながり、新たな価値が生まれる社会」「イノベーションにより、さまざまなニーズに対応できる社会」「ＡＩにより、必要な情報が必要なときに提供される社会」「ロボットや自動走行車などの技術で、人の可能性が広がる社会」をもたらすとされるが、それ以上のイノベーションが起こる可能性も十分に考えられる。

そのような社会で活躍できる人材を育成するキーワードが「アクティブ・ラーニング」である。もともと大学教育の用語で、座学によって一方的に「学問」を学ぶだけでなく、調査・討論・発表などを通じて社会に出てから役立つ「汎用能力」を身に付けさせようとする教育方法を指す。これを「課題の発見と解決に向けて主体的・協働的に学ぶ学習」として、幼・小・中・高校にも導入するというのが、二〇二〇年度の教育改革の狙いである。

具体的にいうと、これまでは「学んだことをきちんと理解する能力（知識・技能）」の評価が大きなウエートを占めていた。それを「習得した知識や技能を基に、自分で考え、表現し、判断して実社会で役立てる能力」へと変換するのである。各学校や各教員は、工夫を凝らして「主体的・協働的な深い学び」の実現を目指していくことになる。

「（二〇二〇年度から始まる）新学習指導要領の導入によって、幼・小・中・高校の教育が一気通貫したものとなる効果は大きい。新たな教育システムを通して労働生産性を高める大切さを周知させ、生産性を向上させるアイデア創出へと導くこともできるはず。ソサエティー5・0において、日本が経済力を高めて一流国家の座を死守できるかどうかは、日本の社会構造のなかで教育をどう位置付けるのかにかかっていると思います」と、前鼻氏は教育の可能性に期待を寄せる。

2 テクノロジーで教育が変わる

場所を選ばず、好きな時間に、高校卒業に必要な授業をインターネットで受けられる。パソコンがなくても、スマートフォンさえあればＯＫ。通学時間もなく、自由に時間を使える。

ＩＣＴの発達により可能となった、革新的な高校がある。メディア・出版大手のカドカワ（ＫＡＤＯＫＡＷＡとドワンゴによる経営統合）が設立した、学校法人角川ドワンゴ学園の運営する通信制私立高校「Ｎ高等学校（以降、Ｎ高）」だ。

二〇一六年四月に開校後、生徒数は毎月増え続け、二〇一九年七月時点で一万六九五人を超えるという。これだけ多くの生徒がＮ高に集まるのは、一体なぜだろうか。

事例③ Ｎ高等学校（学校法人角川ドワンゴ学園）

モチベーションを高め、ワクワク輝ける学校をつくる

●「学校に行かない」選択肢を積極的に取る生徒が増加

日本国内には現在、国公私立小・中・高校を合わせて一九万人超の不登校生徒がい

る。少子化で生徒全体の数が減少するなか、不登校生徒数は増加しているのである。

不登校に至る生徒といえば、コミュニケーションがうまく取れないというケースが多かった。だが近年、新しいタイプの不登校も増えている。コミュニケーション能力などに何ら問題はないが、自ら積極的に不登校を選ぶ生徒たちだ。

積極的に学校に行かない生徒は、これまでの〝不登校〟とは意味合いが異なる。そのため、N高では不登校ではなく「非登校」と呼んでいる（なお文部科学省も二〇一六年、「不登校は問題行動ではない」という内容の通達を出している）。

不登校の質的変化には、時代の変遷が大いに関連する。最たるものが、スマートフォンの登場だろう。日本でiPhoneが発売されたのは二〇〇八年。つまり、今の中学生は物心がついた頃にはスマートフォンが身近にあり、どんな知識も〝Google先生に聞けば分かる〟状況だった。

こうなると、学校の教室で〝閉じ込められて〟勉強する行為に、違和感を覚える子どもたちが増えるのもうなずける。事実、「学校で勉強する意味が本当に分からない」と泣いて訴える子や、学校の勉強以外に夢中になるうちに不登校になる子もいるという。こうした〝非登校〟、つまり「積極的に学校に行かない層」が、N高全体の礎になっているのである。

●限られた時間をやりたいことにつぎ込む

Ｎ高は、通信制高校に分類される。といっても、通信制高校を目指して開校されたわけではなく、「通信制高校の制度を活用すると面白い学校ができる」という発想からスタートしているにすぎない。

一般的な学校の場合、登下校時間などもかかるため、生徒はある程度の時間的制約のなかでしか自分のやりたいことに時間を使えない。一方、通信制だと一日一時間〜一時間半ほど高卒資格の勉強をすれば、残りの時間を自分のやりたい勉強にあてることができる。

つまり、やりたいことが決まっている子どもなら、通信制高校に通うメリットは大きい。しかし、ほとんどの高校生の場合、やりたいことはまだ決まっていないのが現状である。

キャリアを考える機会を与えるため、Ｎ高では担任教師が生徒に対して「高卒資格取得後、君は何をしていきたいのか」と問う。担任教師は考えるコンテンツを提供し、生徒の伴走者に徹する。このキャリア教育（「アドバンストプログラム」）こそ、Ｎ高で最も特色のある中心的コンテンツである。

で構成される。

●生徒の個性を伸ばすプログラムが充実

アドバンストプログラムは、N高の「生徒一人一人が個性を伸ばせる環境でありたい」という考えから生まれたもので、N予備校、職業体験、国際教育プログラムなどで構成される。

N予備校ではプログラミングやパソコンを用いた音楽制作、AIの機械学習、小説創作など多様な内容を、その道のプロから実践的に学ぶことができる。職業体験では、漁師やマタギなど普段関わることのない職業を、日本各地に泊まり込みながら直接体験できる。「世の中にはさまざまな仕事がある。『自分にも活躍できる場がある』『社会は自分が思っているよりも広い』と知り、自己肯定感を強めてもらうことが真の狙い」と、N高副校長の上木原孝伸氏は語る。

国際教育プログラムに関しては、米国スタンフォード大学で行なわれる国際教育プログラムへの参加者を毎年募集している。二週間にわたって世界中の生徒たちと授業を受け、交流を深める内容のプログラムだ。

仕事をリアルに感じられる授業や職業体験、各国学生との交流からの学びは多く、生徒や保護者の満足度は高い。「ここでの経験や学びこそ、将来自分らしく輝きながら社会で活躍するために必要」と上木原氏は強調する。

●リアルとウェブを融合、N高ならではの体験が充実

インターネットの高校という特色を生かし、N高では生徒同士の親交が深まるよう、さまざまなコミュニケーションの場を設けている。

学校内の連絡ツールとして使用するのが、「Ｓｌａｃｋ（スラック）」というコミュニケーションアプリだ。ダイレクトメッセージや通話のやりとりだけでなく、ホームルームの開催や、チャンネル機能を通して趣味の合う友達を探すこともできる。直接話すよりも話が弾み、言いづらいことも伝えやすいという生徒は多い。

また、N高では部活動もネット上で行なうほか、「ネット遠足」という独自の行事もある。

さらに、カドカワのグループ会社であるドワンゴが運営する動画サービス「ニコニコ動画」の世界観を地上に再現するイベント「ニコニコ超会議」にN高ブースを出展して「N高文化祭」が開催される。ニコニコ超会議は毎年開催され、二日間で一六万人が集まる、日本最大の「大人の文化祭」といわれるお祭りだ。実行委員の生徒たちが企画会議などを行ない、半年かけて文化祭をつくり上げる。

こうした普通の高校生ではなかなかできない体験ができることもあって、生徒からは「勉強以外にも楽しい活動ができる」「ネットとリアルが両立しているから、いろい

ろな地方に友達ができる」などの声が上がっている。

また、N高が実施したアンケートでは、八七・二%の生徒がN高に入って新しい友達ができたと回答。インターネットとリアル、両方のつながりを持てるN高には、近未来型の青春が存在している。

●通わないとできないことをする通学コース

N高を開校した翌年の二〇一七年四月には通学コースを開設、東京・代々木と大阪・心斎橋にキャンパスをオープンした。そこには既存のN高生だけでなく、中学まで普通の学校に通っていた新入生の入学も多かったという。

というのも、保護者には「急にインターネットの高校に通わせるのは不安だが、キャンパスに通いながらN高の学びができるのならよい」という意見が多く、「学校に通いたい」という学生も少なくない。N高を公立高校の併願先に選ぶ学生も増加しており、二〇一九年には全国で一三キャンパスの開校を予定している。

通学コースのコンセプトは、「通わないとできないことをする」。現在は、チームでの学びを中心とした課題解決型授業、いわゆるプロジェクトベース・ラーニング(プロジェクトの実践を通じて学生が主体的に知識を学ぶ手法)をカリキュラムの軸にしている。

　通学コースの時間割は、朝九時半に登校し、最初の一五分で一日のタスクを整理。その後の二時間は毎日「プロジェクトN」という形で、プロジェクトベース・ラーニングを行なう。その後、三時限目だけ高校卒業資格取得のための勉強を実施。勉強は生徒個人のレベルに合った個別カリキュラムで時間割を組める。

　プロジェクトNは、実社会と密接に関わるプロジェクト型学習で、教師の提示する課題に対し、解決策となるアイデアを出し、議論を深める。プロジェクトNを通じ、生徒は課題解決能力やプレゼンテーション能力、コミュニケーションスキルを身に付ける。実際に、プロジェクトNで出たアイデアをアプリ化した事例もあるという。

●生徒の夢の発見と実現に全力を注ぐ

　子どもと向き合う時間を増やすため、通学コースの担任教師はN高で授業をしない。高卒資格のための授業はネット学習のなかで完結するため、教師は生徒面談を徹底的に行なう時間を確保できる。

　面談では、一〇年後にどうなりたい、そのために三年後、一年後、一カ月後、一週間後、ルーティン目標をどうするといった形で、生徒に長期目標シートを書いてもら

場所を選ばず、好きな時間にインターネットで授業を受けられる

い、将来の夢を定めていく。この面談を続け、生徒とともに目標を見つけていくのだ。

N高ならスマートフォンとWi-Fiさえあればどこでも勉強できるため、競技と勉強を両立させたいスポーツ選手らも自然と集まってくるという。「ポスト浅田真央」と注目を集めるフィギュア界のホープ、紀平梨花選手もN高生だ。

ただ、彼ら・彼女らのようにやりたいことが決まっている生徒は少数派で、大多数の生徒は明確な目標を持っていない。そこで、N高ではまず短期目標として、「高校生活のなかでこれからやりたいこと」を見つけてもらうという。

例えば、前述の長期目標シートのルー

ティン目標欄に「毎日ＬｏＬ《ロル》（ゲーム）をする」とだけ書いた生徒（Ａ君）がいた。ＬｏＬは「League of Legend（リーグ・オブ・レジェンド）」という、ｅスポーツのジャンルで大人気のオンラインゲームである。

担任教師は「ゲームをしても構わないが、先生に魅力を教えてほしい」と伝えた。Ａ君は担任に説明するためＬｏＬについて調べ、「ｅスポーツが広まれば自分の好きなことで勝負できる」と考え、「ｅスポーツの発展」を人生のビジョンに設定。次第に「長期目標シート」の大部分が埋まっていった。

Ａ君はさらにＬｏＬのイベントを企画し、関係者へのプレゼンに必要なスライドの使い方を習得。やがてｅスポーツ企画専門学校への進学も決めた。

自分自身の「やりたい」という熱意が彼の行動を変えていったのだ。当然、保護者も彼の変化に大喜びであった。

●「未来の寺子屋」で生徒の個性を伸ばす

高校卒業資格の取得やキャリア教育に加え、「ネットコース特進専攻」を設けるなど、大学受験に向けたサポート体制も整えている。このコースを申し込んだ生徒には別のコーチをつけ、進捗を共有。月一回の個人面談、グループ面談、受験や勉強法のアド

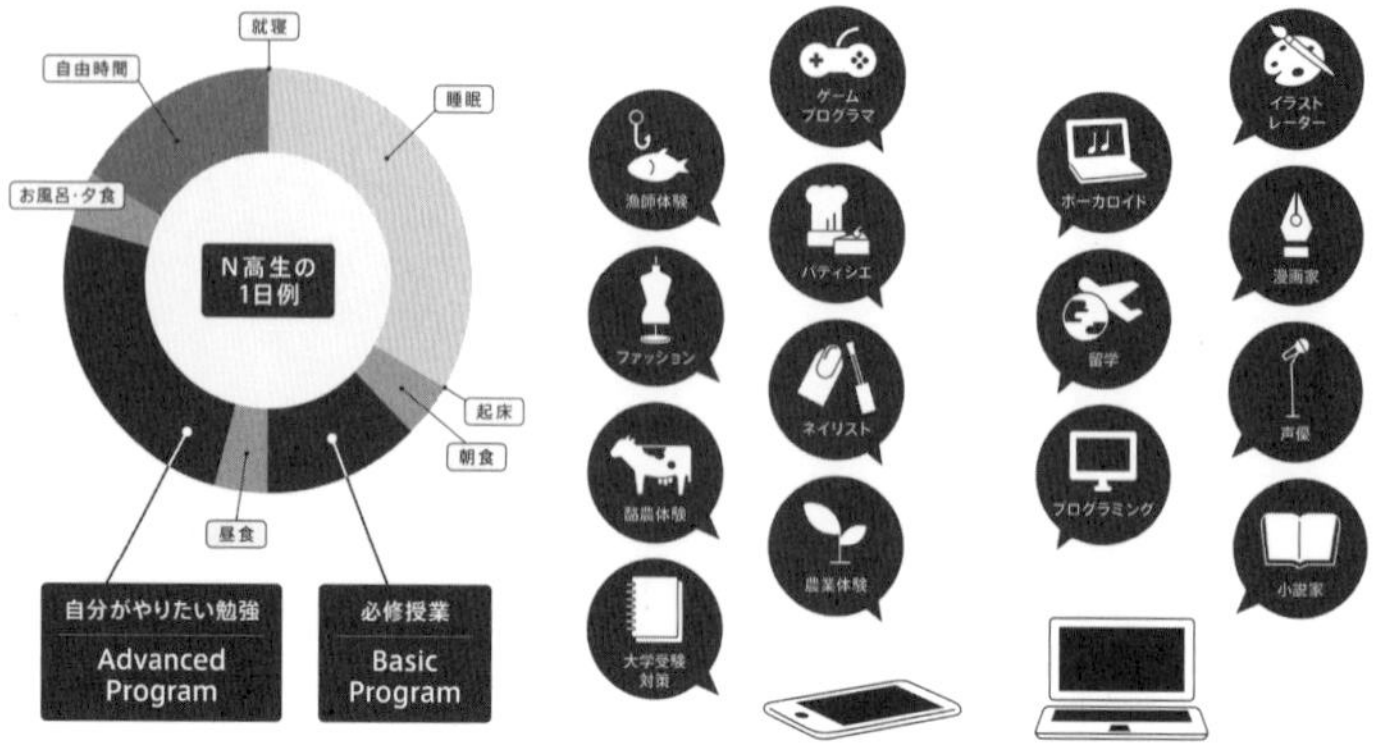

（左）N高生の1日例。（右）将来へつながるキャリア教育「Advanced Program（アドバンストプログラム）」が充実

N高の文化祭は、実行委員の生徒らが半年かけてつくり上げる一大イベント

バイスなどで大学受験を手厚くサポートするネット特進から、東京工業大学や筑波大学の合格者を輩出している。

教育業界は今、ターニングポイントを迎えている。

「江戸時代の寺子屋や藩校では、師匠が弟子に『君は何者になるんだ、志は何だ』と問うてきた。その後、明治維新が起こり、工場労働者を効率よく育てる教育によって日本経済が成長してきたが、今はもう頭打ち。Ｎ高の目指すイメージは、昔はなかったＩＣＴを使う未来の寺子屋です。寺子屋のように生徒の能力、とんがっている部分を引き出して、そこに夢中にさせることが今後の教員の仕事。ＩＣＴを使えば一人一人に個別の学習を提供できる。より多くの子どもたちがモチベーションを高め、ワクワクして輝きたくなる学校をつくっていけたら」と上木原氏は言う。

一人一人の個性を伸ばし、育む教育を目指して、Ｎ高の挑戦は続く。

3　一流を育てる食の学校

二〇一九年四月から、職業教育に重点を置く新たな高等教育として「専門職大学・専門職短期大学」制度がスタートした。これは、特定のプロフェッショナルになるために必要な理論と実践の両方を学べる大学である。新しいタイプの大学制度が創設されるのは、短期大学制度が創設された一九六四年以来、五五年ぶりだ。専門職大学は、高校生にとって新たな進学先の選択肢が広がるとともに、社会人の学び直しの受け皿にもなると期待されている。

産業界では、教育現場に対して専門職業人材養成への強いニーズがある。一九七六年に制度が創設されて以来、多岐にわたる分野でスペシャリストを育成・輩出してきた専修学校は、この専門職大学の創設に対してどのように考え、対応していこうとしているのだろうか。

「本物の探求」をモットーに、人の職業教育にとどまらず、食の「文化」「産業」も育む挑戦を続ける「辻調グループ」の取り組みを紹介する。

事例④ 辻調グループ

「食文化のゲートウェイ」として国際競争力を育む

●ブームではなく、持続的な「文化のハブ」の担い手に

和・仏・伊・中のシェフに、パティシエやブランジェ（パン職人）、和菓子職人。世

に輩出した料理人は一四万人を超え、料理や食文化に関するメディア出演・協力でもおなじみの辻調グループ。

日本一高いビル、あべのハルカスがそびえる大阪・阿倍野の地にある、調理師と製菓衛生師を育成する二つの専門学校がその中心となっている。

調理師・製菓衛生師の国家資格を目指す一年制学科、文部科学省認定の職業実践専門課程として、フード産業界と連携する産学協同カリキュラムを有する二年制学科、二〇一六年に新設し、より高度で専門的な技術と食にまつわる教養を修得する三年制学科を持つ。そのほか、独自のカリキュラムで食のプロを育成するスクールを東京と大阪に二校、フランス・リヨンにも学校を展開する。

このような国内最大の食の総合教育機関で、そのスキームを構築するのが辻調グループの企画部部長・尾藤環《たまき》氏だ。

「産業界の需要に応える職業教育には、常に新しいものを生み出していくアクションリサーチが大切。専門職大学制度で、教育の高度化が注目を集めるのはありがたいことです。でも私たちは創業以来、ずっと教育の高度化を目指してカリキュラムの改良を重ねてきたんですよ」

そんな同グループでは、韓国や台湾などアジア圏の留学生の人数が、過去最多を更

「人」の職業教育にとどまらず、食の「文化」「産業」も育む挑戦を続けている

新し続けている。二〇一八年度は、専門学校の全学生数の一・五割を占める三〇〇人余の留学生が在籍。「和食」がユネスコ無形文化遺産に登録されるなど、世界的な日本食ブームが背景にあると思いがちだが、実態は少し違うようだ。

「それも一つの要因ではありますが、半数近くは製菓の学生で、日本から西洋文化を学ぼうとしています。なぜなら、フランス菓子の製菓技術で、日本が世界最高峰にあるからなのです。調理技術も同じ理由で『日本へ行って、学ぼう』というのが、昨今の世界のトレンドです」と尾藤氏は言う。

そんな時流の波を、日本がアジアと世界の懸け橋になることを目指した二〇〇〇年代の「ゲートウェイ（以降、ＧＷ）構想」に重ねる。

「まず流通でモノが動き、Ｃｏｏｌ Ｊａｐａｎ（クールジャパン）推進によるインバウンド（訪日外国人旅行）で人が動いた。その次は文化が動くんですよ」

同グループはすでに、日本と海外をつなぐ食教育活動を開始している。四半世紀前から、海外の日本大使館などに勤務して料理責任者を担う、公邸料理人育成指導講習を実施してきた。二〇一二年にはタイのデュシタニカレッジと教育連携を行ない、以降、韓国・慶州（キョンジュ）大学校や彗田（ヘジョン）大学校とも連携し、日本料理教育を行なってきた。二〇一六年からは米国の名門料理大学ＣＩＡ（The Culinary Institute of America）で日本料理専門講座を開講。そのほか、シンガポールではＷＳＧ（労働者技能資格）に適した日本料理講座のカリキュラムを開発し、現地の料理学校に提供している。

「ＧＷ構想の鍵はハブ機能化でしたが、教育機関はまさに文化を世界に広げるハブになり得る。特にアジアに対しては、食文化のＧＷになる考え方が有効的で、留学生もその位置付けで育てていこうとしています」

●「料理や製菓に究極はない」――本物を探求する姿勢を忘れずに

自立した食のプロフェッショナルを育成する同グループの原点は、創設者・辻静雄氏の思想と活動を体現する「建学の精神」〝Docendo Discimus《ドケンド・ディスキムス》〟（私たちは教えることによって学ぶ）にある。

古代ローマに由来するラテン語の信条は、教員と学生に「料理や製菓に究極はない。これらを仕事にする者は一生が勉強」と語り継がれ、「本物とは何かを探求し続ける」という姿勢がしっかりと息づいている。

留学生との対話で尾藤氏がよく耳にするのは、「本物を学べてよかった」との声だ。帰国後、日本とは食文化も食材も異なる環境で仕事をするには、自国の人たちに受け入れてもらうため、ある程度、料理を変容しなければならない場面に遭遇するはずだ。そのときに、なぜこうするのか、なぜこうでなければいけないのか、料理の本質を理解し、常に考える習慣を身に付けていれば対応できる。留学生たちは学校で学んだ調理技術の理論が特に役に立つのだという。「究極はない。それは、未到の本物を、学生と教員が常に探求し続けるということ。私たちは『食業人』と呼びますが、食に携わるすべての人に、探求する場を提供することが、創設者から受け継いだ思いです」

見つめる視線の先にいるのは料理人だけでなく、食文化に関わる「食業人」ということだ。国連が掲げるＳＤＧｓ（持続可能な開発目標）をモデルに、教育機関として料理や「食業人」が持つ可能性に挑む「料理のチカラプロジェクト」も始動している。それもまた建学の精神を忘れない姿の表れといえるだろう。

●専門職大学ありきではなく、コンソーシアム的な高等教育の連携を

食文化のＧＷへと歩みを進めるなかで、新たな道も見据えている。専門職大学へのアプローチだ。

専門的な職業人材の養成強化を目的に、実践的な職業教育を担う四年制の専門職大学や短期大学、大学の専門職学科を創設する教育変革に対して、同グループでは二〇一七年に「産学連携教育推進室」を新設。産業×学校、学校×学校の教育連携を探りながら、専門職大学の設置検討に乗り出した。

室長を兼務する尾藤氏は「現在リサーチを重ねている段階です。最大の理由は、産業界の需要が見えないこと。四年間かけて育てた学生を、業界がしっかりと評価してくれるかどうか。また、既存大学でも職業教育が進められるなか、競争の激化で淘汰が進むのは明らかです。日本を代表するトップクラスの専門職大学でなければ、一〇年後には姿を消しているでしょう」と話す。

運営資金を授業料収入に頼る専門学校と、資産が潤沢で国や自治体から研究助成金などの競争的資金も得る大学では、基盤となる経営体力に大きな差がある。尾藤氏は今後、職業教育にも研究能力の重要性が高まっていくと分析。専門職大学に反対する学識者の声にあえて耳を傾け、ヒントにしている。

「世界的動向から見ても、職業教育は総合大学に学部・学科として設置するのがふさわしい、という専門学校には厳しい意見です。ただ、『一つの職業を一つの学問体系だけでは語れないし、研究能力がなければ既存の産業をイノベーションしていく先進性を持った人材像を描き出すことも、更新性のある育成カリキュラムを組むこともできない』との理由は、その通り。むしろ、私たちが目指す職業教育の姿と重なるんですよ」

その認識が描き出したのが、専門学校単独でなく、既存大学と連携するコンソーシアム的な姿で、総合大学が持つポテンシャルに近づけていく独自構想だ。すでに東京大学農学部の協働教育へ参画しており、二〇一八年度は新たに、立教大学観光学部に寄付講座を提供。観光産業界との連携も模索中だ。「観光や農業、地域などをキーワードに高等教育機関が連携し、隣接する学問体系や産業分野ともつながりを強化することで、研究能力も担い、産業構造の変化にもいち早く対応できるようになっていこう、と。シリコンバレーならぬ〝フードバレー〟と呼べるようなネットワークをつくり出した先に、専門職大学の実現があると思っています」

●教育に必要なのは国際競争力──広がる「食業人」の役割

食業人の高等教育をコンソーシアムで担うフードバレー構想は、他分野の教育機関にも「○○バレー」と呼べる連携ネットワークが当てはまることを物語っている。「教育機関は文化のハブと言いましたが、その重責を担うにはグローバルな視点と、国際競争力のある教育が不可欠です。しかも、今すぐやらないと、アジアの教育機関の台頭により、日本の優位性は失われていく一方です」

食文化に話を戻して、課題の具体例を考えてみよう。日本のフード産業にとって、これまで「お客さま」といえば日本人だけだったが、昨今はインバウンドの急増で外国人も対象になっている。尾藤氏によれば、ミシュランで星を取るなど国際的な評価を得る店ほど、日本産の食材を使うという。日本人はフランス産の鴨やワインを喜ぶが、海外から来た客は、日本の食材や日本酒の味わいを楽しめるようにアレンジされたフランス料理を喜ぶからだ。だが、そうしたグローバルな視点に立って競争力に磨きをかける取り組みは、ハラールやビーガンなど多様な食の受け入れやメニューづく

著作、監修、編集協力などで携わってきた書籍は700冊以上

りを含めて、十分に進んでいないのが実情だ。

　また、世界的な食文化の変化で牛肉やウナギ、サンマなどの需要が増えて国内で供給不足に陥り、持続可能な調達が難しくなったときに、ジビエ（野生鳥獣肉）の活用推進は緩和剤の一つとなり得る。欧州のようにタンパク源として昆虫食の研究が進む可能性もある。

「その鍵を握るのが、食材をおいしく加工できる調理技術です。日本は幸い、自然の恵みが豊かな国。昆虫でなくてもジビエや山菜、未利用の水産資源の上手な活用に貢献し、活躍できるシーンが増えていくと思っています」

　また、食材生産地の「地方」と消費地

の「都市」をつなぐ役割も担い始めている。国内の地域連携として二〇一七年、鳥取県や山形県鶴岡市、三重県志摩市と「食の教育研究プロジェクト」と銘打って、地域の食文化を支える人材育成と持続可能な食文化産業の振興発展を推進する包括協定を締結。育てた「食業人」のUターンモデルの構築に挑み、各地域の教育研究機関にも連携の呼びかけを発信し続けている。

「地方の産業を担う生産者と、消費地において最終的な付加価値を生み出す料理人。それぞれの『食業人』が連携して、一つの価値あるものを生み出していく仕組みがつくれるといいですね。日本はもちろん、世界でも」

料理が世の中に与える価値が美食だけではなくなり、「食業人」に求められる社会的な役割も変わり始めている。その期待に応えるために、教育機関として何をどのように担えばよいのか。時流の変転が速く激しく、社会や産業の構造も将来予測が難しい時代に、同グループは専門である「食」の世界をいま一度見直すことで、新たな価値を見いだし、そのポテンシャルを広げようとしている。迫りくる教育改革は、そのトリガーの一つにすぎないのであろう。

4　スポーツが教育メソッド

スポーツが果たす効果に早くから着目し、幼児期教育へ取り入れた幼児園がある。スポーツで「やり遂げる力」を育む指導で注目される「バディスポーツ幼児園」の教育のあり方を紹介しよう。

事例⑤　バディ企画研究所
「やればできる」精神を育むスポーツ幼児園

●スポーツの利点を生かす教育

走り終わると倒れ込むほど、持っている力をすべて出し切る異色の公務員ランナーとして知られた川内優輝選手や、貪欲にゴールを目指すプロサッカー日本代表の武藤嘉紀選手。彼らのスポーツの原点は、バディスポーツ幼児園から始まったといっても過言ではないだろう。二人とも同園の卒園者だが、そのほかにも多くのアスリートを輩出した幼児園として知られる。

バディスポーツ幼児園は、一九八二年に開園した認可外保育施設。現在は東京と神奈川を中心に八つの幼児園を経営する。経営母体であるバディ企画研究所では、そのほかにもサッカー、器械体操、バスケットボール、陸上、スキー、テニスなどを放課後に学べる「バディスポーツクラブ」、トップアスリートたちが直接指導する「バディスポーツスクール」、習い事や学校の宿題などができる学童保育「バディ放課後サポートクラブ」の運営も行なっている。

同園では、子どもたちが先生の指示に従い運動する元気な姿が見られ、その表情は生き生きと輝いている。しかし、小さな子どもたちになぜ、同園ではスポーツを教えるのだろうか。

「スポーツは『やればできる』ということが分かりやすい利点があります。例えば、逆上がりをできなかった子が、毎日練習をしてやっとできるようになったとしましょう。その達成感はずっと忘れないはず。苦しくても諦めずに続けることで、『やればできる』と知る、感じることに意義があるんですね。〝三つ子の魂百まで〟という言葉がありますが、こうした経験はその後の人生によい影響をもたらします」

スポーツを幼児教育に取り入れた理由について、バディ企画研究所代表取締役の鈴木威《たけし》氏はそう説明する。しかも同園では、達成する喜びとともに人間性を育む工夫も取り入れている。

同幼児園ではスポーツが果たす効果に注目し、幼児教育へ取り入れている

例えば、小学校に上がるまでに三点倒立、逆上がり、跳び箱の六段跳びができることをクラス全員に課している。六段を跳んだ子には、跳べない子を応援したり、励ましたりすることで、助け合うことの大切さを感じてもらうのだ。そんな教育から他人に対して「ありがとう」と言える素直な子どもに育つという。

同時に、できるようになるまで繰り返すことで、人が成長していくために不可欠な力も備わると鈴木氏は説明する。

「基本を何百回、何千回も繰り返すことで、自分なりの考え方が生まれ、練習を工夫するようになります。『体はこう動かしたほうがいいんじゃないか』と子どもなりに考える。つまり、考える力が身に付くわけです」

こうした教育を受けて巣立った卒園生は、アスリートだけではない。「目標に向かって粘り強く継続する姿勢や仲間を支援するチームワーク、あるいはリーダーシップなどを身に付け、一般社会人としても活躍している」と、鈴木氏は胸を張る。

●長時間保育などを実現するため「認可外」として運営

ユニークな教育方針を貫く同園は、認可外保育施設として運営されている。つまり、国や地方自治体の補助金は一切ない。ただし、幼児園を開設するに当たっては、幼稚園を管轄する文部科学省と、保育所を管轄する厚生労働省に認可を申請したという。

「当時から午前中にスポーツをして、午後に保育をするシステムを考えていました。午前中だと地域のスポーツ施設が空いており、施設を有効に活用できるからです。また、共働きの世帯が多かったので長時間預かるシステムを考えていました。ところが幼稚園を管轄する文部科学省は、幼児教育を四時間以内しか認めないという方針ですし、保育所を管轄する厚生労働省は『保育所は生活の場、預かる場であって教育してはいけない』というわけです。そんな縦割りの理屈では幼児園の運営はできないと考えて、自由な保育ができる認可外幼児園としてスタートしました」

履き物がきちんと整頓された靴箱。玄関には園児たちの功績を称える賞状やトロフィーが並ぶ

しかし、認可外施設には認可幼稚園・保育所のように固定資産税の免税や補助金などの優遇措置はない。そこで同社では新たな収益を生む工夫をしながら運営する。例えば、同園の世田谷の建物は、幼児園の上に自社所有のマンションを建設して収益を生んでいる。また、グラウンドの周りには看板をつくり、広告収入を得る。この看板だけでも年間四八〇万円の広告収入をもたらす。こうした収益は、子どもを預ける保護者の費用負担を軽減すると同時に、新たなスタッフ雇用などにも結び付いている。

そのため同園の月謝は、送迎バス、延長保育、おかずを提供するサービスが付いて四万五〇〇〇円前後という価格だ。

認可幼稚園・保育所と比べると若干割高になるが、質の高い保育と手厚いサービスが受けられるとあって、入園を希望する保護者は後を絶たない。

同園の優れた点は、スポーツによる教育だけではない。遊び終えた道具の後片付けや靴の整頓などしつけも重視する。さらに座学もユニーク。頭を柔らかくしたり、発想力を伸ばしたりするために、なぞなぞやとんちなどの設問を子どもに投げかけて「考える楽しさ」を実感させる。

「子どもたちにとって、できることは飽きる傾向にあります。ですからスポーツでも座学やしつけでも、少し難しい課題を与えていくことが大切」と鈴木氏は話す。バディスポーツ幼児園の基本方針によって、子どもたちはやり遂げる力を身に付け、成長を遂げる。

●スポーツによる幼児教育の重要性を広めたい

同園では、多くの保育士・幼稚園教諭や大学でスポーツに打ち込んできた体育指導員などが働く。小さな子どもたちの保育には女性スタッフが中心的な役割を担い、年長の子どもたちは男性スタッフが担当することが多いという。

「小さな子どもは母性的なものを求める傾向にあるので女性スタッフ、大きくなると厳しさを教えることに秀でた男性スタッフが当たることが多いですね。ただし、『どこまでもベストをつくせ』『はげましあえ、そしておもいやれ』ということを子どもに教えていくという当園の教育理念がブレなければ、指導方針は個々の先生方に任せています」

つまり、優しく接する、厳しく接する、あるいは理論的に教えるといった指導方針は、スタッフの個性や考え方を尊重するという。

東京、神奈川を中心に展開する同園は二〇一八年、茨城県日立市に新たなスポーツ幼児園をオープンした。しかし、全国展開する予定はないという。

「東京、神奈川にある認可外幼児園に通う園児は約二万人ですが、そのうちの一割の二〇〇〇人が当園に通う子どもです。この数字を見るだけでも、ある程度の役割は果たしていると思います。しかし、これ以上、事業を広げるつもりはありません。むしろ講演などで当園の考え方や取り組みを伝え、賛同した方が幼児園経営に乗り出して全国に広がる形がいいと考えています。そのときに当園ができる協力は惜しみません」

スポーツによってやり遂げる力を育み、仲間を思いやる心を養う同園の幼児教育。二〇二〇年の教育改革の柱の一つである「学びに向かう力（主体性・多様性・協働性）」を育むためにも大いに効果がありそうだ。

5　プログラミング教育最前線

日本中の教育機関へ多彩な教材を提供する「アーテック」。少子化の逆風が吹くなか、教材提供を通して得たノウハウとコネクションを駆使し、プログラミング教育という先進領域への参入を果たした。

事例⑥　アーテック

先進プログラミングの普及を目指す、次世代のものづくりに向けた教育支援

●オリジナル商品が九〇〇〇点を超える学校教材のトップメーカー

ロボットが自在にボールを運び、ゴールへ向けてシュートを放つ。こうした複雑な動きを実現するには、造形からモーターやセンサーなどの配置、コンピューターのプログラミングまでが求められる。機械や電気・電子に関するそれなりの知識と、複雑な構造を組み上げる技術が必要だと思うだろう。

ところが、子どもでも直感を生かして形状や動作を仕上げることができ、実際に中学生の教材として活用されているロボットがある。教育の最前線は、驚くべき進化を

遂げているのだ。

このロボット体験セットを提供しているのが、大阪府八尾市に本社を置くアーテックである。同社は一九六〇年設立の学校教材メーカーで、中学校の美術や小学校の図工などで使われる教材を起点として事業を展開。現在は、幼稚園・保育所で使われる知育教材、小学校の理科や算数、社会の関連教材、中学校・高校でのテクノロジー領域の教材など、多様な商品を提供している。オリジナル商品は九〇〇〇点を超え、約三〇〇〇社の代理店網を介して北海道から沖縄までの教育機関に納入しているという。

「教材メーカーは全国に数十社ありますが、理科が得意なら理科教材だけを手がけるといった領域限定の事業を行なう会社ばかり。中学校の美術教材を扱う一方で、小学校の理科教材を提供するような多領域にわたる教材を提供しているのは、当社だけです」と、代表取締役社長の藤原悦《えつ》氏は話す。

業界で「特異」ともいえるビジネスモデルを確立したのは、代表取締役会長の宇野泰正氏である。建築士として働いていた宇野氏は、縁あってアーテックに入社。当時同社は、後発組ゆえに資本力が乏しく、同業他社のような大量生産に追随できなかった。そこで、全国の教員から「このような教材があったらいい」という要望を聞き出して商品化に専念する路線を確立。ニーズに直結した教材は高く評価され、同社には

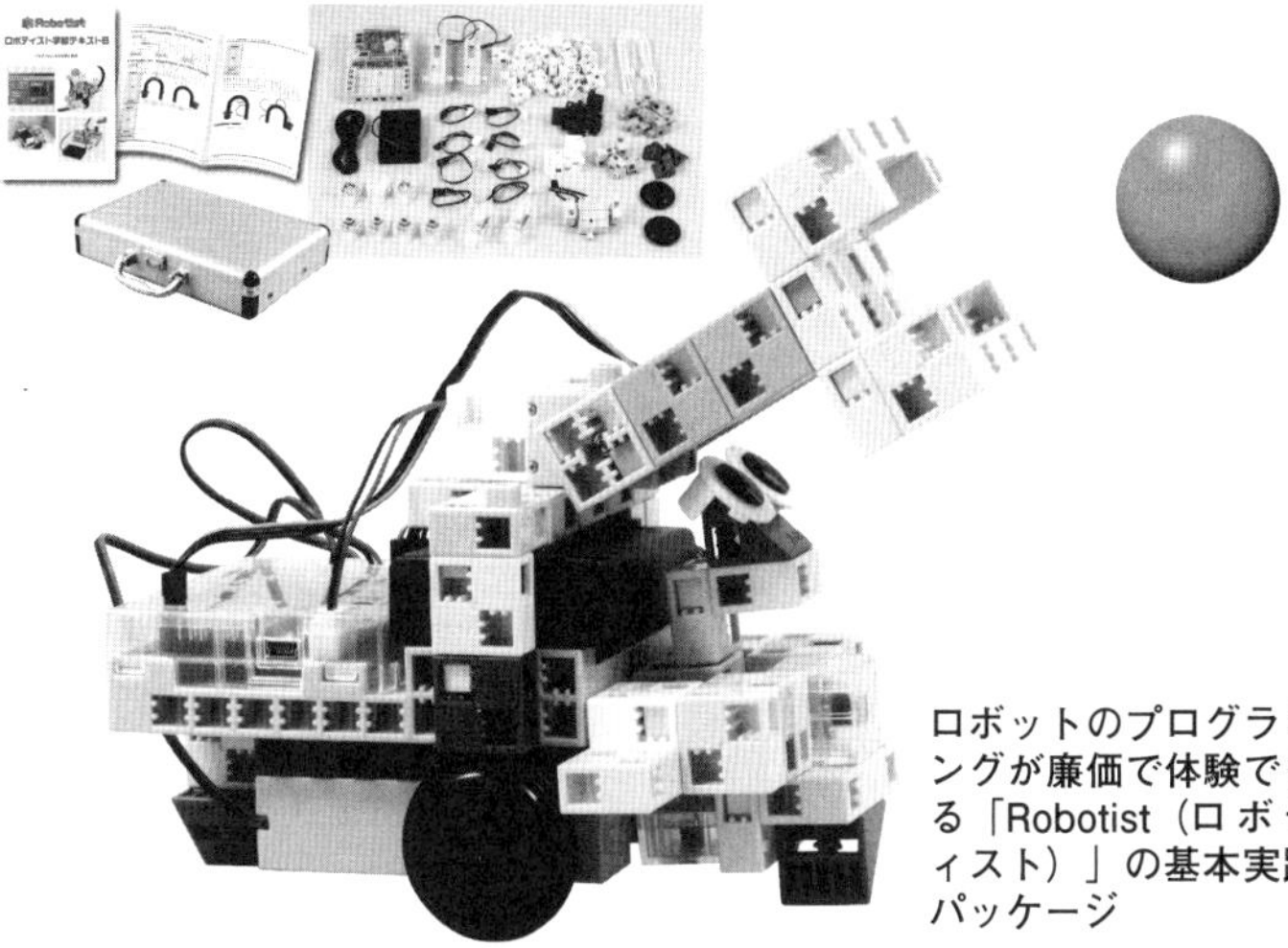

ロボットのプログラミングが廉価で体験できる「Robotist（ロボティスト）」の基本実践パッケージ

商品化の要望が次々と寄せられた。地道なニーズ対応に取り組んだ結果、幼稚園・保育所から高校まで、多彩なジャンルの教材を提供するメーカーに進化したのである。

こうして「専門の分野に限らず、学校現場や先生方から要望されることには、必ずお応えする」という企業DNAが醸成された。ニーズに応え続ける誠実な姿勢が、ビジネスモデル革新の原動力となっているのだ。

藤原氏も大ヒットを生んでいる。営業担当の頃に、運動会を担当する教員の「運動会用品を集めるのに苦労する」という声に応え、ハチマキや応援衣装、競技グッズなど多様な運動会グッズを提供し、大きな市場を開拓した。最近はダンスの振り付け指導用映像のＤＶＤも提供し、売上げを伸ばしている。

学校を主要取引先とする会社は、教材、出版、備品に大別される。同社は教材の分野で群を抜くナンバーワン企業になった。

●プログラミング教育で子どもたちのものづくりの世界が一変

同社の好調な歩みに影が差した。それは「少子化」という厳しい環境である。総務省統計局「我が国のこどもの数」によると、日本の子ども人口（一五歳未満人口、二〇一九年四月一日時点）は一五三三万人。一九八二年から三八年連続の減少で、過去最低を更新中だ。全人口に占める子どもの割合は、一九五〇年には三分の一を超えていたが（三五・四％）、今や一〇分の一（一二・一％）にまで減ってしまった。市場の母数縮小はとどまるところを知らない（図表２－１）。

厳しい事業環境を打破する方策は、「先進領域に向けた高付加価値商品の開発と世界の教育市場に向けた対応」だと藤原氏は言う。冒頭で紹介したロボット体験セットは、先進領域に向けた取り組みの代表例である。

「未来へ向けて必要であると見なし、徹底的に足場を築いている分野の一つがプログ

図表2-1　子ども人口（15歳未満人口）および全人口に占める割合の推移

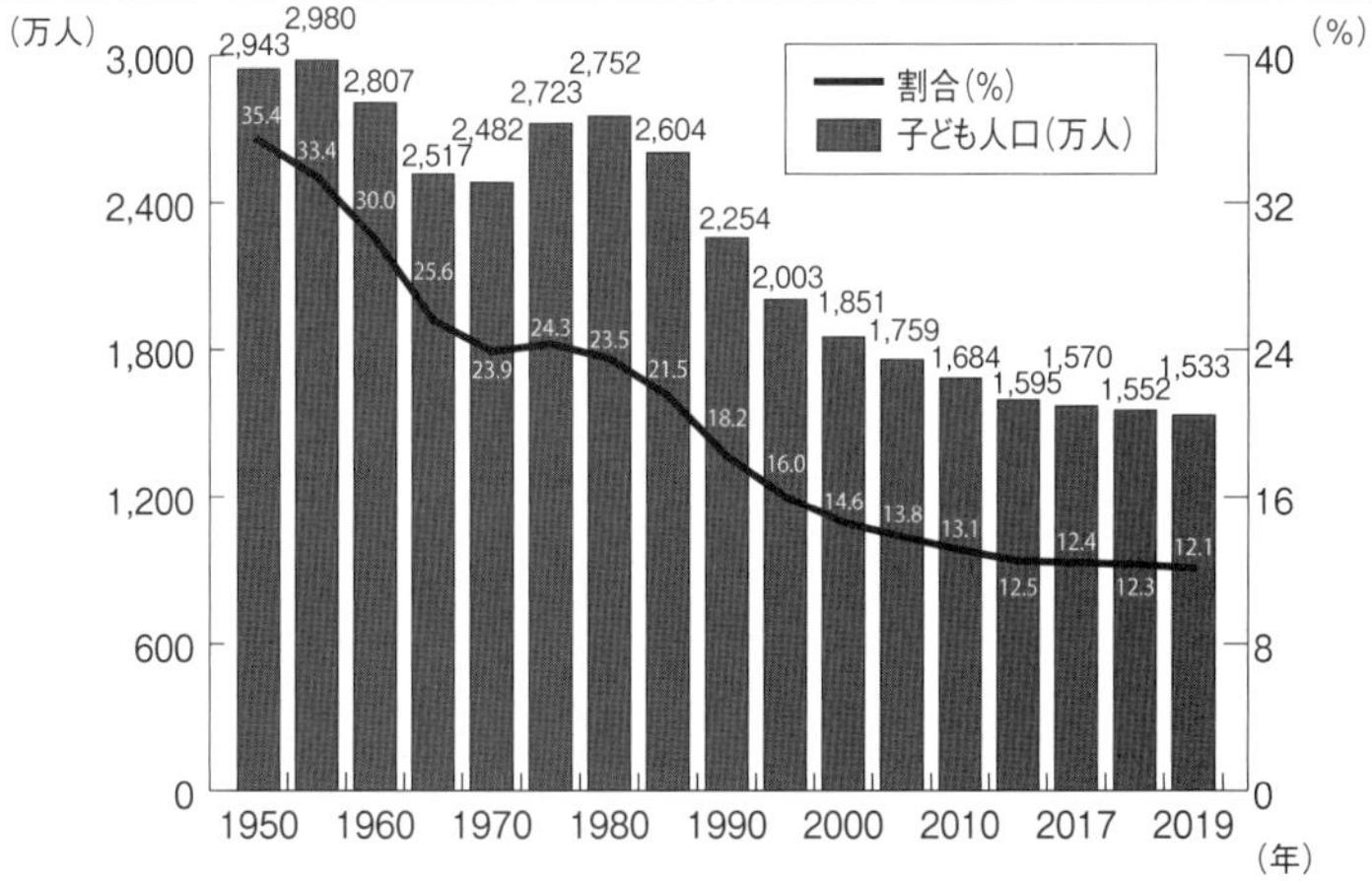

出典：総務省統計局「我が国のこどもの数」（2019年5月4日）

ラミング教材です。動かしたいと思ったものを、コンピューターで自由自在にコントロールできるような教育が求められています」と藤原氏は明言する。

文部科学省は二〇一七年、学習指導要領を改訂し「プログラミング教育」の必修化を決定した。二〇二〇年度から小学校で必修化され、二〇二一年度に中学校、二〇二二年度に高校で順次、授業へ組み込まれることになる。

このような教育環境の変化を見据えたプログラミング教材の中核として、同社はロボット教育専用マイコンボード「Studuino（スタディーノ）」を開発。これは「高度な技術を有する専門家にしかできなかったプログラミングが、一般

「アーテックブロック」は
縦・横・斜めに自由に接続でき、
さまざまな造形が可能

人でも可能になった」とされるオープンソースのマイコンボード「Ａｒｄｕｉｎｏ（アルディーノ）」と互換性を持ち、簡易にロボットプログラミングができるものとなっている。さらに同社は、文部科学省も推奨する「Ｓｃｒａｔｃｈ（スクラッチ）」というプログラミング言語を使い、スタディーノ専用のプログラミングソフトウエアを開発した。

　また自分好みのロボットをつくりたいという子どもの願いに応えるのが、「アーテックブロック」である。スタディーノ開発前から発売されていた商品で、キューブの中心からズレた場所に突起を設けることにより、縦と横の連結に加えて斜め方向の連結も可能にした。その挿し込み方は六〇通りと従来のブロックをはるかにしのぎ、自分の思い描いた造形をより忠実に再現できる。

このアーテックブロックとスタディーノ、さらに連結可能なモーターやセンサーを用意して、挿し込むだけでどんなロボットも製作できる「Ｒｏｂｏｔｉｓｔ（ロボティスト）」という商品が生まれた。これを使えば、自分のデザインしたロボットを自由自在に動かすことができるため、子どもたちのものづくりの世界が大きく変わる。「ロボティストが完成したとき、芝浦工業大学機械機能工学科の長澤純人准教授から『こういう教材を待ち望んでいた』と言われました」と、藤原氏は誇らしげに語る。

●顧客ニーズを満たす廉価商品を迅速に提供

先進的な教育領域に対する同業他社の動きは鈍い。「全面的な導入が決まらない限り、手を出さないのが業界の商習」と藤原氏は言うが、同社のスピード感は次元が違う。その理由を問うと「開発力の差です」との即答が返ってきた。

同社が市場投入する新製品は年間五〇〇点。実働日数で計算すれば、一日に約二アイテムが生まれていることになる。この驚異的なスピードを可能にしているのは、全社一丸となった開発体制だ。

同社は、ものづくりの中心に営業担当者を置いている。顧客のニーズを最も迅速にキャッチできるからである。そして、「営業担当者は発明家であれ」という気概を持って、二五名のデザイナーが活躍するグラフィックチームや、一〇名のＩＴ関係の技術者を有する開発チームなどと連携し、顧客ニーズを迅速に商品化している。その半面、こうした内製化主義には、コストアップにつながる危険性が潜む。しかし、同社の商品は価格競争力も秀逸だ。

「なぜこんな価格で提供できるのかと、先生方からもよく聞かれます。それは、安全で廉価な商品を提供するために、小ロットでも対応可能な海外の協力工場を開拓し、工場のコネクションを駆使して原価削減に取り組める体制を築いてきた成果です。人件費が高騰する中国でも、優れた商品を安く調達できる工場は必ず見つかります」と藤原氏は胸を張る。

6　未来の学校経営のカタチ

本章の最後に、未来の学校経営のあり方について考えをまとめたい。

まず、「学校の経営」について、「学校の運営を通じて、事業活動収支を上げること」

と定義する。というのも、学校経営者と話す際、「経営」という言葉を「運営」という意味で捉えられることが多いため、誤解を招かないよう冒頭で定義の確認をさせていただいた。

さて、これからの学校経営はどうなっていくのだろうか。

少子化を背景に学校の合併が相次ぐ昨今だが、なかでも国立大学の合併は世間を騒がせている。それを可能にする仕組みとして、一法人複数大学制（アンブレラ方式）が、二〇二〇年四月からスタートする予定だ。

前述（第1章）のように、例えば、二〇二〇年四月から国立の名古屋大学と岐阜大学が統合し「東海国立大学機構」を設置。ほかにも全国各地で国公立大学の統合協議が進んでいる。

統合の目的は、人材や施設の有効活用などの経営効率化や研究・教育の質の向上とされているが、実態は一八歳人口の減少に伴い、法人本部を一本化して経営効率、つまり管理部門のスリム化を狙っているように見える。

こうした流れのなか、私は新しい学校の新しい経営スタイルが生まれることを期待している。それは、**「学校のホールディング経営（持ち株会社制）」（図表2－2）**だ。

しかし、学校は株式会社ではないため、株式がない。そのため、一般企業でいう

図表2-2　学校のホールディング経営（持ち株会社制）

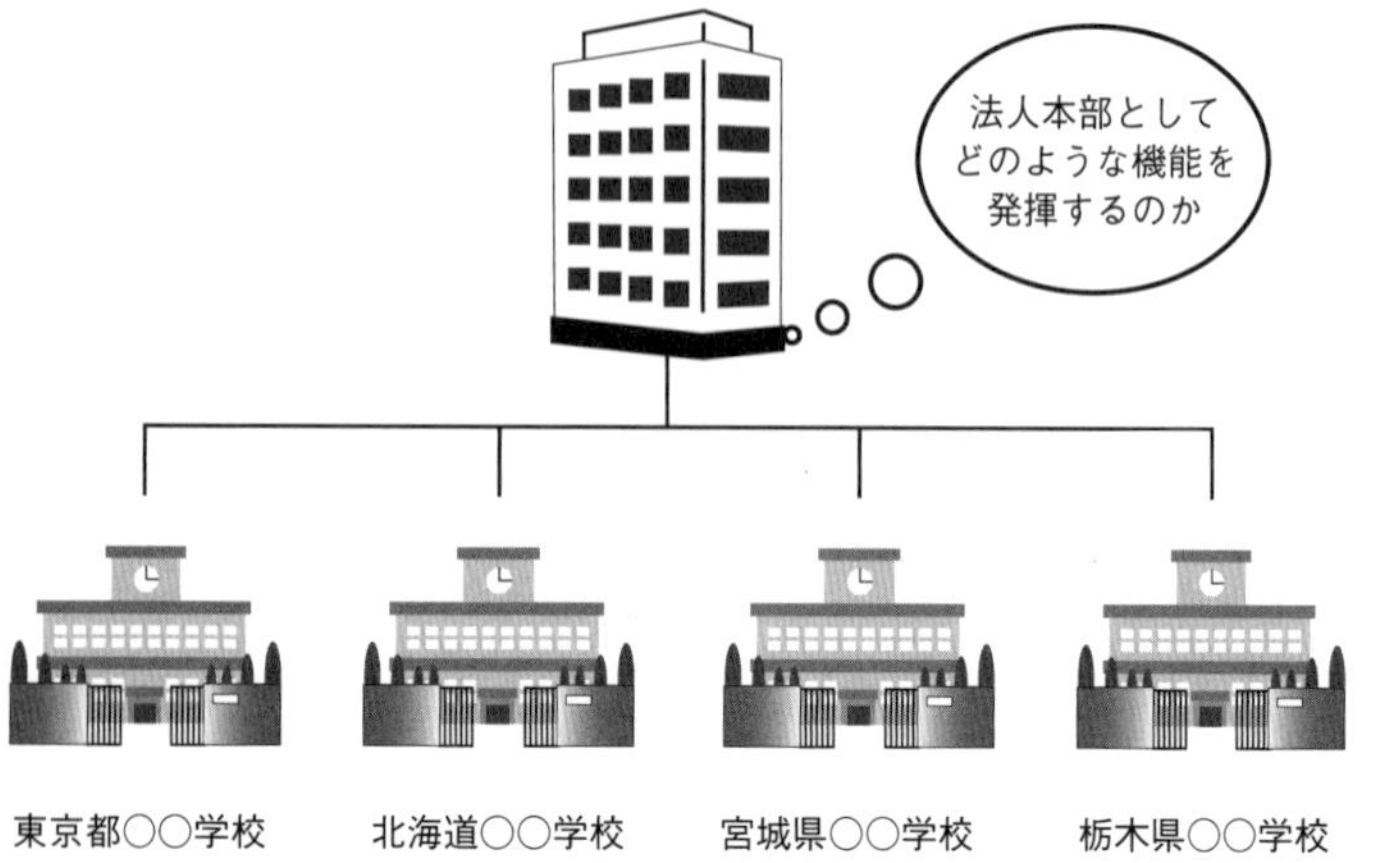

「所有と経営の分離」といった発想のホールディング経営は成り立ちにくい。

では、どういう意味でホールディング経営なのかというと、参考モデルとしてMS（メディカルサービス）法人が挙げられる。MS法人とは、医療法人が営利事業を行なう目的で設立する法人である。つまり、法人が関与する複数の診療科目が異なる病院において、医療機器や化粧品など、医療に関わる周辺商品を自前で販売するということである。

しかし、学校の場合、法人の役割は大きく異なる。

まず、学校の場合は、地域特性、保有する学部や学科など、各校に特色がある。そのため、法人本部がどういった機能を有し、何を価値として発揮するのかがポイントである。
考えられるポイントとして、次の三つがある。

1．法人が関与する学校教職員のサポート
2．教員の採用・人材育成に関するマネジメント
3．教育の質の向上（カリキュラム・教材・教授法などの開発、コンサルティング）

特に1と2については、法人本部が統括することにより、効率化が図られる。しかし、一番大切なのは、3の教育の質の向上であろう。これからの5G時代、教育のあり方は大きく変わりつつある。例えば、システム構築やＥｄＴｅｃｈ（エドテック）の導入により、優秀な教員の授業が自校で展開できることになれば、よりよい授業を学生に提供できる。これからの学校経営の一つのモデルとして、ホールディング経営と最新技術を取り入れ、教育の質の向上に努めるという、本質のブレない経営モデルが広まることを期待したい。

第3章

学習塾から見える教育の未来

1　塾業界の動向

今や教育は、学校を補完する役割を担う「学習塾」の存在を抜きには語れない。矢野経済研究所の推計では、学習塾の国内市場規模は約九七〇〇億円（二〇一七年度）と教育産業市場全体（二兆五六二三億円）の四割近くを占めている。景気動向の影響をさほど受けることなく九〇〇〇億円台を維持し、二〇一五年度以降は拡大基調が続いている。浮き沈みが激しい対個人サービス業のなかでは安定した業種である（図表3-1）。

しかし現在、その学習塾が曲がり角を迎えている。その最も影響が大きいものは、なんといっても少子化である。

国立社会保障・人口問題研究所の「日本の将来推計人口」（二〇一七年推計）によると、子ども（一五歳未満）人口は二〇一五年の一五九五万人から一貫して減少を続け、二〇五六年頃には一〇〇〇万人台を割り込み、二〇六五年には八九八万人まで減少する見込みだ（図表3-2）。将来的に構造的な市場縮小が避けられない情勢である。そのため、今後は顧客数確保に向けた激しい競争が繰り広げられ、学習塾同士の連携による業界再編や、学童保育・介護サービスなど事業領域の拡大に取り組む動きが加速

図表3-1　学習塾・予備校市場規模推移

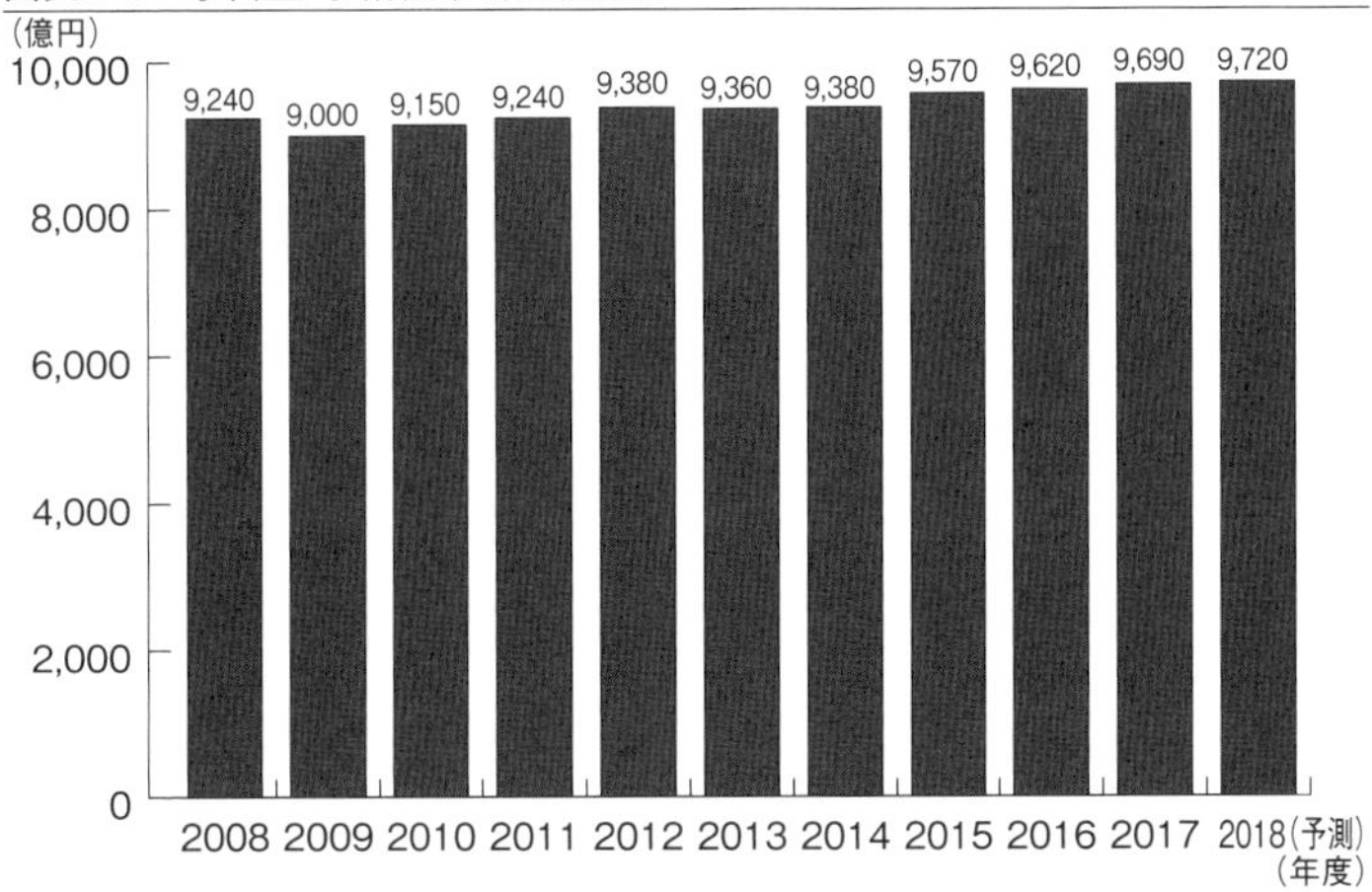

出典：矢野経済研究所「教育産業白書」(2018年版)

図表3-2　子ども(15歳未満)人口の将来予測(出生中位・死亡中位)

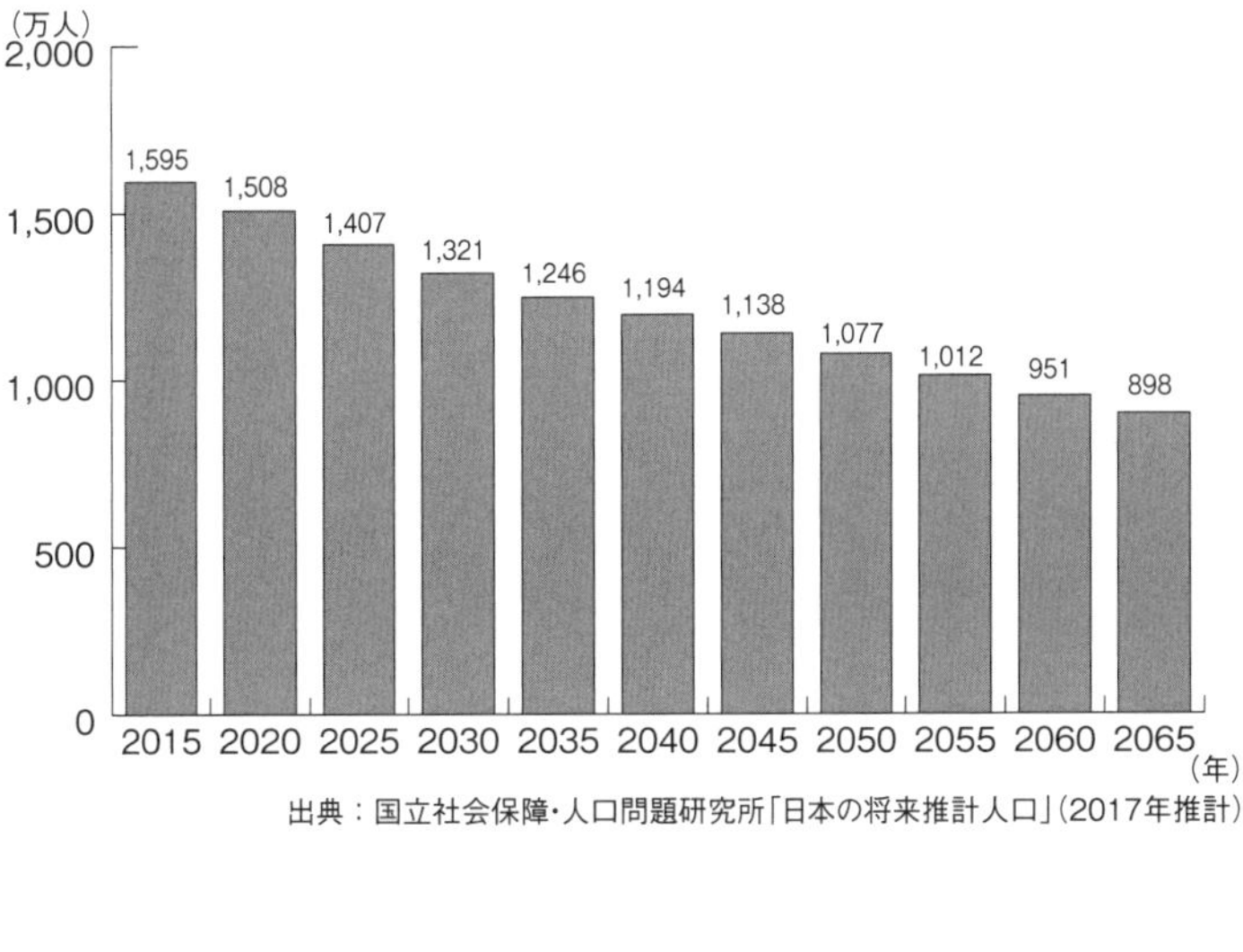

出典：国立社会保障・人口問題研究所「日本の将来推計人口」(2017年推計)

図表3-3　学習塾の倒産件数推移

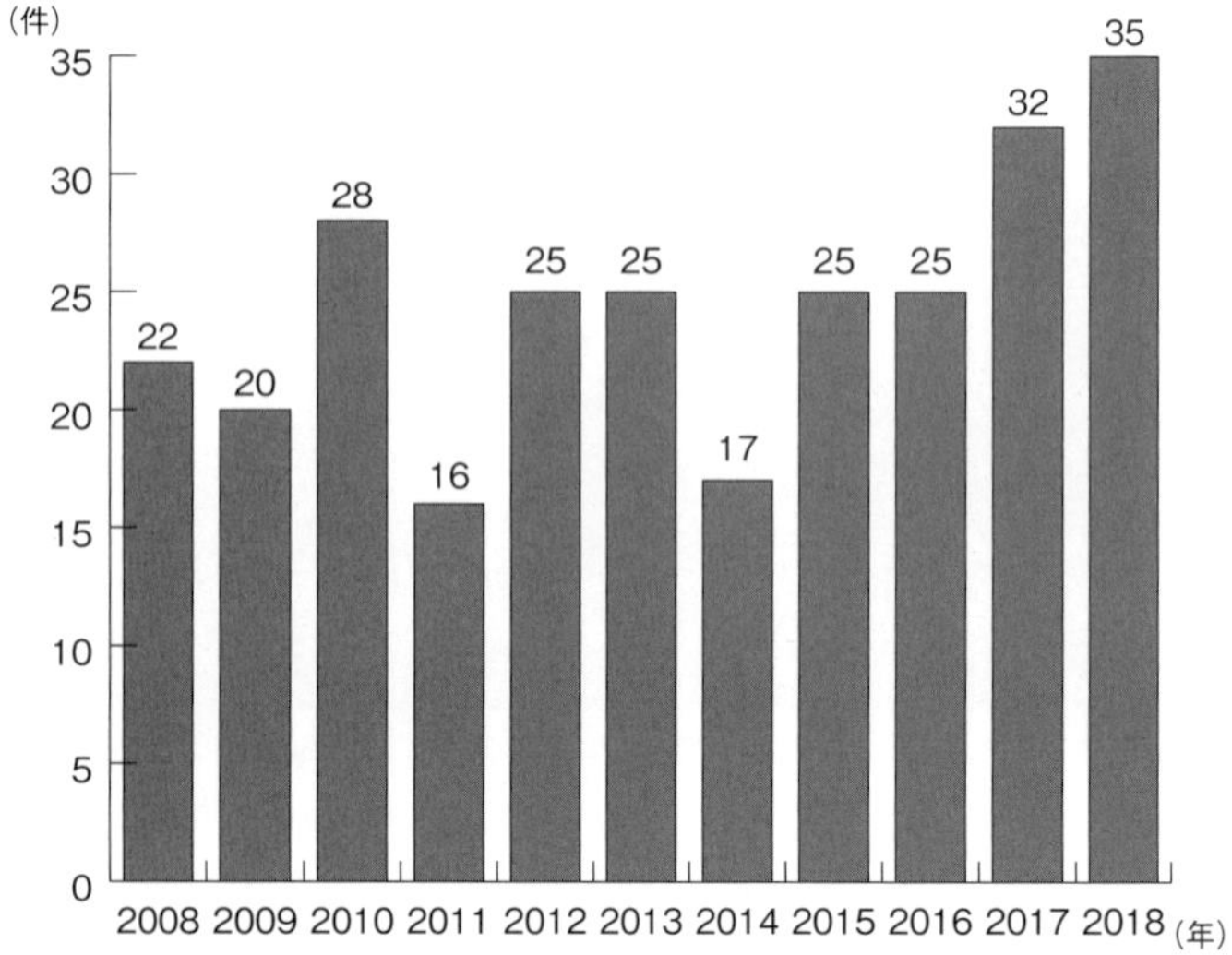

出典：帝国データバンク「教育関連業者の倒産動向調査（2018年）」

図表3-4　保護者が支出した1年間・子ども1人当たりの学校外活動費（学習塾、習い事などへの支出）の推移

（単位：円）

年度	公立				私立			
	幼稚園	小学校	中学校	高等学校	幼稚園	小学校	中学校	高等学校
2008	83,014	210,168	305,009	159,249	143,863	564,300	289,075	197,898
2010	83,505	206,937	292,562	155,795	151,127	584,069	278,863	237,641
2012	80,556	208,575	282,692	155,602	120,072	559,661	294,250	244,604
2014	83,707	219,304	314,455	167,287	141,553	604,061	312,072	255,151
2016	92,983	217,826	301,184	174,871	133,705	613,022	320,932	285,067

出典：文部科学省「子供の学習費調査の結果について」（2017年12月22日）

していくと見られている。

事実、学習塾の倒産件数は近年、増加傾向にある。帝国データバンクが集計した学習塾の倒産件数の推移（負債額一〇〇〇万円以上、法的整理のみ）を見ると、二〇一八年には過去最多の三五件が発生し、一〇年前に比べて一・五倍に増加した（図表3-3）。人手不足による人件費の高騰や同業との競合が激化しているほか、二〇二〇年度の教育改革（新学習指導要領の実施、大学入試改革）の開始による学習内容の変更に伴い、新たな指導法や教材の開発コストが経営を圧迫し、中小規模を中心とした学習塾の淘汰が進んでいる。

とはいえ、子どもの数が減っている一方で、子ども一人当たりにかける教育コストは逆に上昇傾向をたどっている。文部科学省の調べによると、保護者が支出した子ども一人当たりの「学校外活動費」（学習塾、習い事などへの支出）の推移を見ると、私立幼稚園、公立小・中学校を除く全学校の子どもが増加している（図表3-4）。

教育熱心な国民性に支えられた学習塾は安定業種であるものの、一方では少子化によるマーケットの縮小と競合激化、さらには教育改革によって従来の指導・教材ノウハウが通用しなくなるという陳腐化リスクなど、多くの課題に直面している。

そこで第3章では、塾業界専門誌『月刊　私塾界』の編集長・山田未知之氏に、二〇二〇年度の教育改革が学習塾へもたらす影響について話をうかがった。また、学習塾の最前線事例として、出版事業の枠を越えて事業領域を広げ、低迷していた業績をV字回復に導いた「学研ホールディングス」、〝真の国際人〟を育てるために特徴ある教育プログラムを採用する学習塾「鷗州コーポレーション」を紹介する。

インタビュー②

塾業界専門誌『月刊 私塾界』編集長／山田未知之氏

「大学入学共通テスト」で変化する塾業界

●教育改革によって塾に求められる役割も変わる

受験のための学習指導を行なう塾が次々と生まれたのは一九八〇年前後のこと。当時は、テレビドラマ『積木くずし』（TBS）が話題をさらい、中学校に校内暴力が吹き荒れた時期だ。そんな荒れた公立中学校に可愛いわが子を入学させたくないという都市部の保護者が、恵まれた学習環境がある私立中学校への進学を望むようになった。

そこで、有名私立中学校への入学を目指す小学生がこぞって通うようになったのが、現在の学習塾の原型である。都市部を中心に、主に中学受験のための進学指導の場として拡大していった塾は、地方では公立トップ高校への進学を目指した学習機関としてニーズに応えていく。その後、大学受験でも大きな役割を担うようになった。

このように、受験における学校の補完機関として重要な役割を果たしてきた学習塾だが、二〇二〇年度の教育改革から受ける影響は、これまでと比較にならないほど大きなものになると予想されている。

「二〇二〇年度の教育改革は戦後最大の教育改革といえるでしょう。従来のペーパーテストで評価する『知識・技能』だけではなく、『思考力・判断力・表現力』『主体性・多様性・協働性』の三要素を育成・評価することになります。これらを加えたのは、社会人として活躍できる素養を身に付けることを目的としているからです。大学入試の改革がゴールではないのです。こうした改革は個人的にもよいことだと考えています。しかし、塾はそれに伴って、新たな学習方法を取り入れる必要性があります。ただ、これまでの学習塾でのノウハウがまったく役に立たないのではなく、それらを生かしつつ新しい仕組みやサービスを提供していくことになるでしょう」

そう語るのは、一九八一年に創刊した学習塾専門誌『月刊 私塾界』の編集長・山田未知之氏だ。同誌は学習塾が増加する時期から教育サービス業界の発展のために、塾経営を支援するためのさまざまな情報を提供してきた。業界を長年にわたって見てきた山田氏は、二〇二〇年度の教育改革は塾業界にとって大きなチャンスだという。

これまでも、学校教育を取り巻く環境が変化した時代に学習塾は大きく伸長してきた。公立中学が荒廃した時期、あるいはゆとり教育によって子どもたちの学力低下が危惧されたときに、塾は保護者のニーズを受けて伸長した。同様に、今回の教育改革においても新たなニーズが生まれ、学習塾が果たす役割は大きくなるという。

●活性化するICTなどの技術を持つ企業の参入

具体的に、学習塾はどのような役割を担うようになるのであろうか。大学入試センター試験の後継テストとなる「大学入学共通テスト」の変更点を確認しながら、求められる役割を探っていきたい。

まず、「知識・技能」については従来の試験と同じ位置付けであり、これまで学習塾が行なってきた学習指導の延長線上で行なえば問題はない。ただし、英語については、従来の「書く・読む」に加えて「話す・聞く」技能も評価されることになり、四技能の向上を図ることが必要になるわけだ。

「話す・聞くという二つの技能の習得には、新しいアプローチが必要になるでしょう。また、この二つの技能はＩＣＴとの親和性が高いと感じています。例えば、タブレットやパソコンを使い、効率よく単語を覚えていったり、オンラインでネイティブなど

『月刊 私塾界』。塾経営者・省庁関係者のインタビューや特集記事など内容が充実

と会話することで、話す力や聞く力を養うなどの工夫が必要です。当然、授業料との兼ね合いもあるので、いかにＩＣＴやアプリをうまく利用してコストを下げるかの工夫も求められるでしょう」

　新たに加えられる「思考力・判断力・表現力」を身に付けるには、これまでの知識の詰め込み型ではなく、探究型の授業を行なうことが不可欠だ。社会生活で必要となる課題発見・解決能力を育むための評価テストという位置付けであるため、多様な考え方や視点からのアプローチや、複数の情報から分析や考察をして解決策を導くというスキルが必要になる。

　三つ目の「主体性・多様性・協働性」は、調べ学習やグループワークなどのアクティブ・ラーニングによって身に付けていくことになる。

「これらの能力を養う塾は、従来の学習塾とはかなり異なる形態の授業をすることになるでしょう。グループワークやディスカッション、プレゼンテーションスキルを育成するノウハウを有する、研修会社やコンサルティング会社など塾以外の参入も活発になると考えています。またＩＣＴの活用が増えるのは確実ですから、今後の塾業界は既存の塾だけでなく、異業種からの参入がより活性化するのではないでしょうか」

●企業のノウハウを活用した新しい教育ツールが不可欠

しかし、二〇二〇年度に大学入試が一気に変わるとは考え難い。大学入試を変えても、高校の教育現場がすぐにその変化への対応ができないためだ。

「今回の改革は『高大接続改革』ですから、社会人になったときに活躍できる人材を育てるために、ある意味でこれまでは分断されていた大学と高校の学びを見直します。その上で、間をつなぐ大学入学者選抜もマーク式のペーパーテストだけでなく、記述式も含めた多様な観点で測ろうとしているということ。ですから、高校をはじめ小学校や中学校の授業のあり方も大きく関連してきます。そこで小学・中学・高校で段階的に新しい学習指導要領の改訂を行ない、新しい大学入試への完全移行は、現在の小学校5年生が大学受験をする二〇二四年度を念頭に置いています。それまでは移行期間なので、徐々に変化していくと考えています」

そしてもう一つ、今回の教育改革はこれまでにない大きな特徴がある。それは改革が及ぼす影響が学校や教育業界にとどまらないという点だ。習得技能の幅が広がる英語教育やアクティブ・ラーニングなどでは、従来の学校や塾にはないノウハウやツールが求められることになる。そこでICTや人材開発など新しい分野の技術やノウハウが求められ、塾と企業、さらに自治体と塾と企業との連携が必要になると山田氏は指摘する。

「当社では、教材やアプリの開発企業と塾との出会いの場を提供するセミナーも定期的に開催してきました。こうした活動は二〇二〇年度以降の教育改革によって、さらにニーズが高まると思います。また中小企業にとっては新たに教育分野へ進出するチャンスですし、教育を支援することで地域貢献していく機会になると思います」

企業や地域社会も巻き込む二〇二〇年度の教育改革。二一世紀を担う人材育成には、学校や教育業界だけではなく、地域社会との連携も含めた総合力までもが求められることになりそうだ。

2 学習塾のアライアンス戦略

減る一方の子どもと、教育改革に伴う指導・教材ノウハウの抜本的見直し、さらには昨今の人材不足に加え、ICT、AI（人工知能）など急速に進化するデジタル技術への対応など、学習塾を取り巻く環境は目まぐるしく変化している。こうなってくると、もはや民間教育機関が単独で対応するには限界がある。

そこで、同業他社と手を取り合い、経営課題と経営資源を共有し、持続的成長を共に目指す動きが生まれている。その事例として、「学研ホールディングス（以降、学研）」の取り組みを紹介したい。

事例⑦ 学研ホールディングス
緩やかな〝大連合〟で教育改革に対応

●新学力診断システム「明日の学力」診断（あすがく）

学研は、教育三事業（教室・塾の運営、児童書・参考書の発行、幼児向け教室運営や教材・模試の作成）を展開する出版大手である。一九四六年に、元小学校教師の古岡秀人氏が「戦後の復興は教育をおいてほかにない」という信念のもと、「学習研究社」を創業したのが始まりだ。小学生向け学習雑誌『科学』『学習』や参考書・児童書など出版事業を展開する一方、「学研教室」をはじめとする学習塾の運営、幼稚園・保育所・学校向け教材・教具の販売などを手がけてきた。

かつて同社は長きにわたる減収傾向と業績不振に陥ったが、代表取締役社長に宮原博昭氏が就任して以降、組織の見直しや新会社設立、M&A（企業の合併・買収）などの改革に取り組み、九期連続増収を果たすなどV字回復を遂げている。近年では教育事業に加え、サービス付き高齢者向け住宅（学研ココファン）、幼児・学童保育施設（学研ココファン・ナーサリー）、訪問看護サービス（学研ココファン・ナーシング）など、医療・福祉分野にも力を入れている。

同社は二〇一八年九月、市進ホールディングス（千葉県市川市）と共同発起人となって「一般社団法人教育アライアンスネットワーク（NEA）」（東京都品川区）を立ち上げた。NEAは、「子どもたちの未来を輝かせる指導方策の拡充」と「民間教育機関の持続的発展」を目的に設立されたもので、参加企業は塾・教室（一部個人）を中心に一三六社、在籍者数は合計約四六万人にのぼり、売上げ合計は約一一七〇億円（二〇一八年一一月時点）に達する。

学研ホールディングス
代表取締役社長
宮原博昭氏

少子化が進むなかで、二〇二〇年度の大学入試改革をはじめとした教育改革、EdTech（エドテック：Education／教育とTechnology／テクノロジーを組み合わせた造語）やICT、AIの導入など、個々の塾で対応するのは難しいさまざまな課題に対し、会員が協力して共同で取り組んでいこうというのが狙いである。

具体的な活動内容は、人材採用や教材・教育法のノウハウを共有するほか、共通インフラ化や教材共同仕入れによるコスト削減などを進める（**図表3-5**）。

これらの取り組みのうち、全国の学習塾関係者から最も注目されているのが、小学3年生～中学2年生を対象とした新たな学力診断システム「明日の学力」診断

図表3-5　教育アライアンスネットワーク

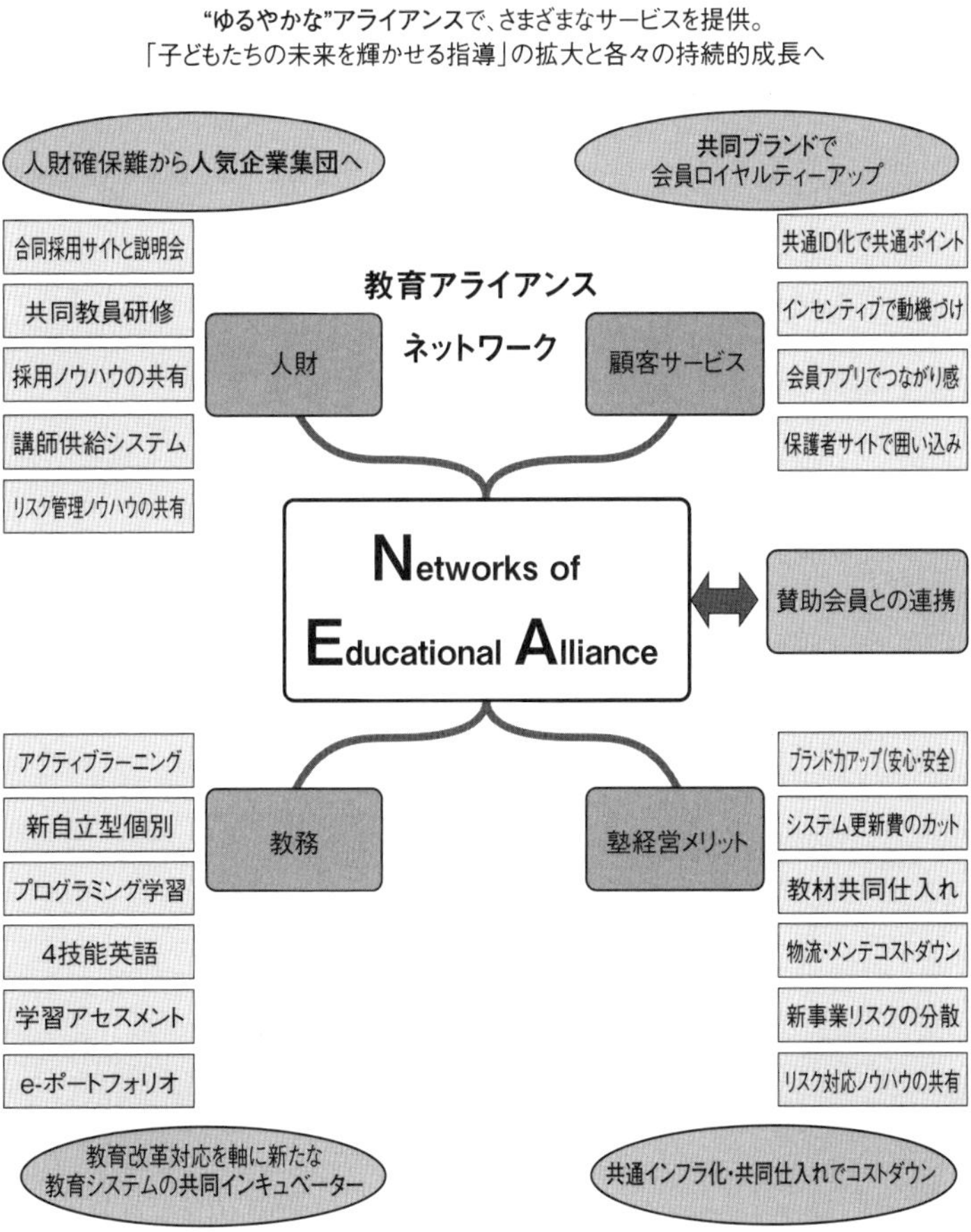

出典：学研ホールディングス「2018年9月期決算 中期経営計画『Gakken 2020』」（2018年11月29日）を基に作成

図表3-6　「あすがく」実施の流れ

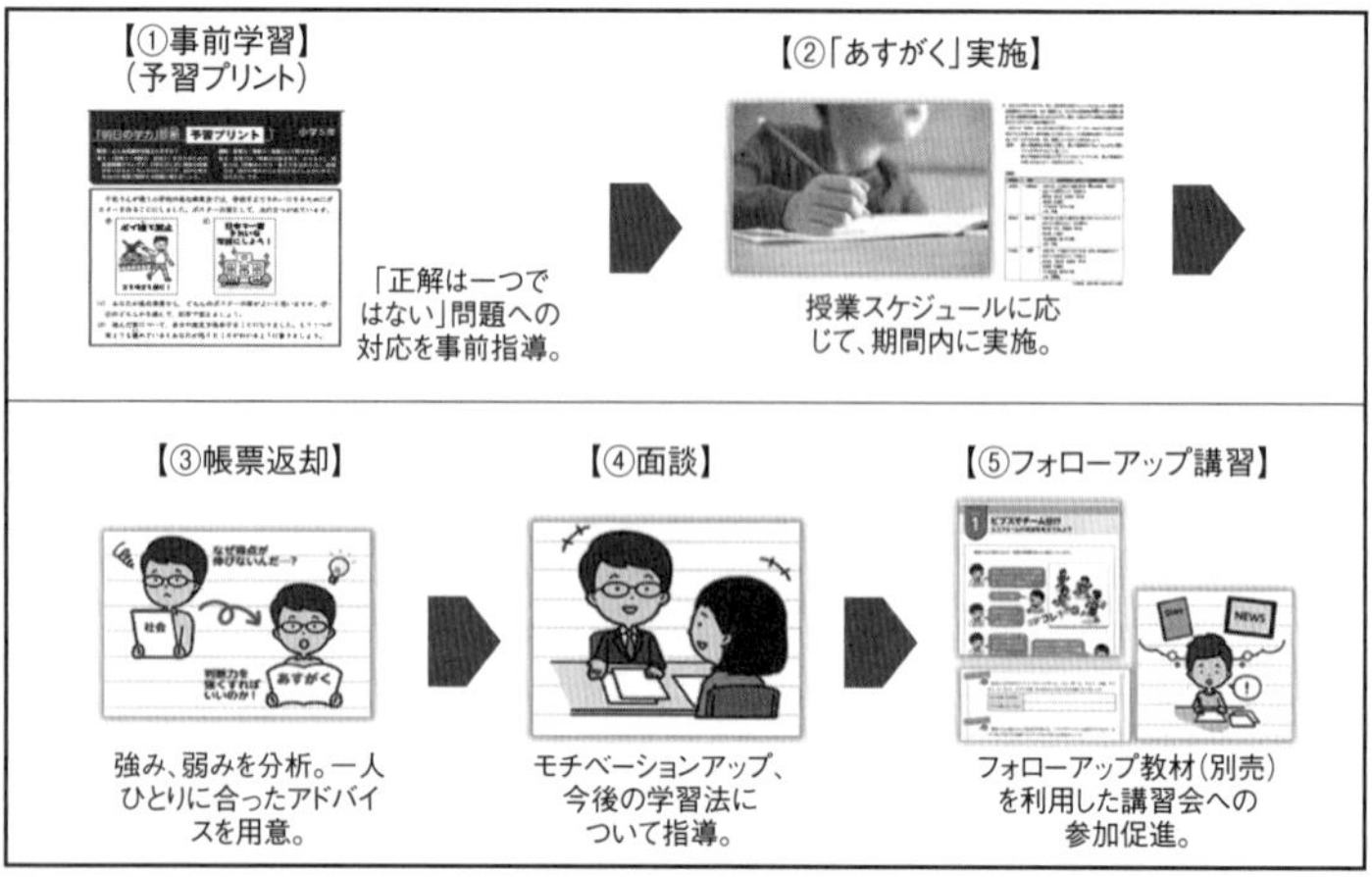

出典：教育アライアンスネットワークホームページを基に作成

（略称「あすがく」）の運営だ。

これは、「学んだ力」（新しく習得した知識）、「学ぶ力」（今ある知識を生かして解決策を考えて実行する力）、「学ぼうとする力」（新しい課題を自分で見つけて解決していこうとする意欲）を問う記述テストを実施。その全国規模の受検データを基にした多面的なビッグデータ分析によって診断し、教育改革で重視される「思考力・判断力・表現力」の引き上げにつなげていくものだ（**図表3−6**）。

ＮＥＡは二〇一八年、五万人規模で「あすがく」のトライアルを実施。二〇一九年度から本格的に全国展開を始めた。二〇二一年度で四〇万人規模の受検を見込んでいるという。

一方、教材・参考書などのコンテンツでは、二〇一〇年に祖業であり看板商品だった学習雑誌『科学』『学習』の休刊に踏み切った。現在、強化を図っているのが、デジタルと融合させた出版物である。

「まず、紙媒体の縮小は避けられないと考えています。これは一社だけで止められない時代の流れですから、受け入れないといけません。ただ、それを大きく超えてデジタル、映像、ICT分野は広がっていくでしょうから、積極的に取り組むべき分野と捉えています。実際、スマートフォンなどのアプリと連動させたり、音楽を使って学んだりする教材は伸びています。例えば、ボーカロイド曲で歴史や理科、英語などを学ぶ『MUSIC STUDY PROJECT ボカロで覚える』シリーズは、シリーズ合計で六〇万部超のヒット作になりました。パソコンやスマートフォンで動画を見ながら楽しく学べますから、これまで参考書類を買わなかった層の掘り起こしにつながっています」（宮原博昭社長）

また、同社は新事業創出や人材育成に力を入れている。例えば、二〇一一年に新規事業の創出を目的とした「G1（ジーワン）グランプリ」（「G」は学研の頭文字）をスタートさせた。同社グループの全社員が参加できる公募制度で、新事業の発掘と同時にプロジェクトの立ち上げを通して起業や経営の経験を積む、人材育成の場と位置付

『MUSIC STUDY PROJECT ボカロで覚える』シリーズ

けている。また、同年には経営の視点を身に付ける施策として、中堅クラス社員が中期的な経営課題の解決策を提言する「学研ジュニアボード」を導入。グループを横断した幹部人材の育成にも取り組んでいる。

G1グランプリから事業化されたプロジェクトとしては、第一回グランプリを獲得した「学研式幼児知育プログラム構築事業」から設立された「GIビレッジ」がある。同社は、子どもの自主性を育むモンテッソーリ教育を核とする教育託児施設「クランテテ」を二〇一三年に開校した。また、第三回グランプリの「民間企業主導の体験型キャリア教育ビジネスの提案」からは、「学研イノベーション」

（現・学研教育みらい）が設立された。同社では、無料情報誌『ソトイコ！』の学校配布や、企業の商品・サービスを通した体験型イベントを開催している。

「子どもの数は減っていますが待機児童は逆に増加しているように、不足している部分はまだ残されています。また、子ども一人当たりにかける金額は増えていますから、今後は質の向上がテーマになるでしょう。その意味では、すでに塾などに通う層を取り込んでいくことも可能ですし、まだ勉強に取り組んでいない層を開拓することで、マーケットを広げられると思います」と宮原氏は言う。少子高齢化や教育改革は一見すると既存の教育ビジネスにとって逆風のようにも映るが、学研では新たな市場開拓と事業創出のチャンスだと捉えているのだ。

「打席に立たずしてチャンスを逃す罪は大きいと私は考えます。昔から『逡巡《しゅんじゅん》の罪』という言葉を大事にしていますが、チャレンジして失敗することよりも、チャンスが目の前にあるのにリスクを恐れて何もしないほうがずっと罪が重い。攻める姿勢でいるならば、失敗はある程度仕方がないと私は思います。それに、負けから学ぶことは大いにあります。私は、経営者の方と話す機会を持つよう心がけていますが、興味があるのは『失敗の理由』。お聞きすると、多くのケースに躊躇がある。ただ、判断を誤ると何千人もの人を路頭に迷わすことになりますから、慎重になる気持ちも分かります。しかし、やはり遠慮せずに攻めるときは攻め、変えるべきところは変えていかないといけません」

3　急がれる「国際人教育」

経済のグローバル化のさらなる進展、かつてないインバウンド（訪日外国人旅行）の活況、そして二〇二〇年には東京オリンピック・パラリンピックの開催。日本は国際共通語である英語力の向上がますます重要となってきた。教育改革においても、世界で活躍するグローバル人材の育成を目的に、小学3年生からの英語教育必修化（二〇二〇年四月）が始まる。

次に紹介する広島県広島市の総合教育機関「鷗州コーポレーション」は、学習塾や学校経営、学校支援事業を通じた国際化教育で知られる。「真の国際人」を育てるために、特徴ある教育プログラムを展開し、国内外から注目を集めている。

事例⑧　鷗州コーポレーション

世界で活躍できる〝真の国際人〟を育てるために

●人生をプロデュースする総合教育機関

鷗州コーポレーションは、「鷗州塾」「鷗州ハイスクール」「鷗州合格必達個別ゼミ」などの学習塾事業、国内外での学校経営や学校支援事業など、幼児から社会人までを対象に教育事業を展開する、いわば、「人生をプロデュースする総合教育機関」である。

主力事業の学習塾部門には、幼稚園児から高校生まで一万人超の生徒が通う。また、英語教室やサッカー、フィットネス、パソコンなど各種教室も展開する。なかでも小学生を中心に約一二〇〇人の生徒が通う「鷗州サッカークラブ」は、Ｊリーグ選手も輩出する名門クラブである。

学校部門では、二〇〇三年にニュージーランドで「オークランド・インターナショナル・カレッジ」を開校。〝カレッジ〟という名称だが、ニュージーランド教育省認可のれっきとした高校だ。また、二〇〇五年から英語と日本語のバイリンガル教育を行なう「ＡＩＣ※バイリンガル幼稚舎」を運営するほか、二〇〇六年に「英語で学ぶ学校」として広島市に中高一貫校の「ＡＩＣＪ中学校・高等学校」を開校。同校は、西日本第一号の国際バカロレア（海外大学の入学資格を得られる国際的な教育プログラム）認定一条校である。

※Academy for the International Community（国際社会のための学校）の頭文字

●ニュージーランドで開校し、グローバルな教育環境を実現

ここではまず、オークランド・インターナショナル・カレッジ（以降、ＡＩＣ高）の立ち上げから現在までの経緯について紹介したい。二〇〇三年の同校設立当時、同社では主力の鷗州塾の生徒が増え、東京大学や有名私立大学に合格するようになっていた。ただ、海外の大学に進学する生徒はいなかった。そこで、「これからの時代、海外の大学を目指すような生徒も育てたい」（代表取締役専務・桑原克己氏）という思いがきっかけとなり、インターナショナルスクールの設立に至ったという。英語圏の国での開校を目指すなかで、安全・安心でコストが安い国を選んだ結果、ニュージーランド・オークランドに開校地が決まった。

同社では当初、日本人生徒をオークランドで教育する計画を立てていたという。しかし、飛行機で約一一時間もかけて渡航したのに、学校も寮も日本人だけではグローバル教育にふさわしくない。そこで予定を変更して、日本人の生徒比率を三〇％まで

Auckland International College校舎

抑えることに。残り七〇％は地元ニュージーランドや、中国、韓国、ベトナム、タイなどアジアの優秀な生徒に入学してもらい、国際的な教育環境を整えた。

とはいえ、生徒募集は当初、困難を極めたという。海外での教育実績のない日本企業が、ニュージーランドで学校を開校して「入学してください」と言っても、簡単に集まるわけはない。奨学金制度の設立をはじめ数々の〝生徒集め策〟を講じた結果、二〇〇三年には一期生として四八人が入学。そのうち五人は日本人学生だった。

その五人は、全国トップの進学高校に通ってもおかしくない、鴎州塾でも最上位レベルの生徒だった。しかし、それでもＡＩＣ高では授業についていけず、日本人五人だけ、朝から晩まで別の教室で英語のトレーニングに励む日々が続いた。ようやくほかの生徒と一緒に学ぶようになったのは入学して三カ月後、全教科を一緒に学ぶようになったのは半年後のことだった。日本と海外の教育では、それほどのギャップがあったのだ。

ただ、半年後にはしっかり授業についていくことができたという。日本の子どもは英語力が欠けており、海外の授業スタイルにも不慣れだが、基礎的な学力は高い。逆にいえば、英語力がつき、アクティブ・ラーニングの授業に慣れると成績がどんどん上がり、最終的には他国の生徒と遜色のない結果が出せるということである。

●答えのないものから自分の思う正解に導く力を醸成

ＡＩＣ高では、国際バカロレア（以降、ＩＢ）認定のプログラムを取り入れている。ここで、日本の教育とＩＢの教育の違いについて触れておきたい。日本の学校教育では答えが決まっている問いを出し、いかにその答えに正確にたどり着くかを教え、生徒は日々トレーニングする。一方ＩＢは、基本的に答えのないことを教育する。答えのない問いから、いかに子どもたちが自分の思う正解に、正しい道筋でたどり着くか。そのトレーニングをするのがＩＢである。

ただ、AIC高でIBを導入した初年度の大学進学状況は、惨憺《さんたん》たる結果だった。英国オックスフォード大学や米国ハーバード大学など有名大学を受験する際、通常の学校であれば、「(入試面接の)インタビューではこんな質問をされる」といったノウハウや経験談が蓄積されている。しかし、AIC高にはそれがまったくなかった。生徒たちも志望校の受験がどんなものか知らないし、教員もほとんど知らなかった。そもそも、同高の教員にはインターナショナルスクールでの経験しかなく、インターナショナルスクールで有名大学を受験する生徒は極めて少ない。教員のキャリアがなかったことが最大の原因だった。

それが二〇一五年には、世界ランキング一位(当時)の米国カリフォルニア工科大学をはじめ、有名大学の合格者が複数出た。東京大学にも二四人が合格した。結局、東京大学に進学したのは一人だが、その一人は授業料も寮費も全額免除、航空券代も年一回支給されるという好条件で進学している。

●日本の〝当たり前〟を実践し、成果につながった事例

惨憺たる合格実績だった当初から、現在の姿へと躍進を遂げるまでの間、AIC高では一体、どのような手が打たれたのだろうか。

「校長とは何度もけんかをしたし、意見が対立して辞めていった教員もいた」と桑原氏は言う。校長や教員は、「学校のことは専門家である自分たちに任せるべきで、関与してほしくない」というスタンスだった。しかし桑原氏にしてみれば、一期生の進学状況が芳しくなかったため、任せきりというわけにはいかなかった。

とはいえ、特に秘策もない。結局、「日本の教育業界の人間にとって〝当たり前〟と思うことをやっただけ」。

それが見事に起死回生の打開策となった。

例えば、「どの生徒がどの大学を受験し、どんな出願書類を出して、結果はどうだった」という記録は、一期生のときには何も残っていなかった。生徒が大学へ提出した出願書類のコピーもまったく残っておらず、面接試験の内容も教員は把握していなかった。「日本の感覚からすると、試験を受けた生徒に『どうだった？』と聞けばいいだけの話」

にもかかわらず、学校として組織的に動く習慣が皆無だったのだ。「どうだった？」と尋ねる――こうした日本では当たり前の地道な作業を、ゼロから積み重ねていった。

桑原氏のやり方に最初は周囲の反発もあったが、徐々に結果が出始めた。「今では校長も率先して、過去のデータを基に生徒とのインタビューのトレーニングをしてくれています」と、桑原氏は教員の変化を語る。

このような日本的な取り組みが功を奏し、実績に結び付けていったＡＩＣ高。実際、生徒が九〇人いた二〇一六年には、世界ランク二四位の英国エディンバラ大学に八七人が合格。残りの三人も世界ランク上位の大学に合格。その年は、生徒全員が世界トップ二五位以内の大学に一校以上、合格した。

●日本の大学入試が変われない理由

ＡＩＣ高の場合、一人の生徒が受験する大学数は七～一〇校程度にのぼる。日本と比べると非常に多い印象だが、海外の大学入試は基本的に出願書類で合否がほぼ決まるため、あとは面接を受けるだけである。

出願書類は国によって評価の基準が異なる。例えば、英国の場合はアカデミック（学究的）な部分が評価されるが、米国の場合はアカデミックな部分と生徒のキャリアの両方が評価される。

より詳しくいえば、米国では一定以上の成績があれば評価は皆同じで、あとは成績以外の部分がどれだけ優れているかを重視する（勉強しかしていない満点の生徒より、七～八割の点数でも経験豊富な生徒のほうが評価され、トップの大学に通りやすい）。

日本は大学入試改革が行なわれる二〇二〇年度以降、こうした海外の大学入試のように変わっていくのだろうか。この件について、桑原氏は東大のある教授と話をしたそうで、そのときに返ってきた答えが実に興味深かったという。

「『東大が変わらないと、日本の大学入試は変わらない』という話を東大の教授にしたら、『もし、欧米型の入試制度になったら怖い』と言われた」

成績が点数（デジタル）で出ると、誰も文句をつけようがない。だが、「成績はある一定以上でOK、あとはそれ以外の人物評価」となると、「うちの子が落ちたのはおかしいじゃないか」といった訴訟が多発するおそれがある。そうした事態を東大の先生たちは本気で心配しているのだ。大学のみならず、受験業界や保護者など、生徒を送り出す側の意識も変わらないと、大学も怖くて変われないということだ。

鷗州コーポレーションは以前まで、学習塾の鷗州塾において、テストなどで点数を伸ばす教育、いわゆる「デジタルな部分」の強化を懸命に実施してきた。一方、AIC高では「デジタル以外の部分」にも力を入れている。

今後、日本の大学入試制度が欧米流に変われば、デジタルな部分以外も大事にするAIC高での手法を、鷗州塾にも導入するという。ただ、入試制度の行方とは関係なく、「英語教育だけは先行して、小学校のうちから始める必要がある」と桑原氏は危機感を募らせる。

●小学校から英語を鍛えるプログラムを導入

文部科学省の方針により、二〇〇八年度から小学校で英語教育が始まっている。これに対応する形で、同社でも小学生向けの英語教室「AIC Kids《キッズ》」を展開。全授業をネイティブ講師が担当し、授業はすべて英語で行なう。本場の英語学習を受けながら、「小学生で英検2級を目指せる」英語力を養うのが特徴だ。

桑原氏は、ノンネイティブの生徒が、どのように勉強すればTOEFLで最も点数が取れるか、世界のトップレベルの大学に行ける英語力が身に付くかを、AIC高で試行錯誤しながら追求してきたという。

そのプログラムを小学生に導入したのがAIC Kidsだ。そこで使用するテキストは、オックスフォード大学出版局のテキストをベースに、社内スタッフが作成している。一番の特徴は、「日本語を入れない」ことだ。

というのも、日本では日本語の英訳、あるいは英語の和訳という翻訳が英語教育の中心である。文法も厳しく勉強するが、それでは実践的なコミュニケーション力に結び付かない。

そこでＡＩＣ Ｋｉｄｓでは、英語を英語で理解する手法にこだわる。基礎的な英単語は絵を入れて教え、その後、概念的に難しい単語も簡単な英語で理解させていく。日本語を入れず、できるだけ文法的なことも自然に理解できるような教育法である。このプログラムを用いることにより、四年八カ月で英検2級レベルに到達できるようになるという。

●「イマージョン教育」の成果が徐々に結実

同社が運営する中学・高等学校、幼稚舎には、それぞれほかでは見られない特徴がある。

二〇〇六年にスタートしたＩＢ認定校のＡＩＣＪ中学・高等学校は、中学校から「イマージョン教育」（国語以外の科目を外国語で学ぶ教育）を導入している点が最大の特徴である。在校生（中学・高校生合計約六五〇人）のうち、英検1級合格者が二三人、準1級合格者が一四二人、2級合格者が三九九人という。中学から英語を始めた生徒が多いなかで、この合格人数である。まさにイマージョン教育の成果といえよう。

また、同校では高校進級や国内大学入試の際、塾のノウハウを使った指導が受けられる。一方、高校からは二つのコースに分かれており、ＩＢの教育を受けたい場合は

AICバイリンガル幼稚舎の授業風景

選択できるようにしている。開校以来、IBを取得する生徒は着実に増えており、保護者の意識も変わりつつあるという。

「学校説明会などの際、今まではIBの話をしても、聞く耳を持たない保護者が多数派だったが、最近は『IBのことが聞きたくて学校説明会に来た』という人が増えている」そうだ。

また、日本語と英語をバランスよく学ぶAICバイリンガル幼稚舎は、二〇一七年四月に京都、二〇一九年春には神戸へと展開を広げており、今後もフランチャイズ（FC）形式で増やしていく方針だという。特徴は、過度なインターナショナル教育を行なわず、日本人としての日本語の使い方やあいさつ、礼儀やしつ

け も含めた日本式教育をしっかりと行ないつつ、一方で欧米型教育により英語を楽しく学び、使いこなせる子どもを育てようという点である。

ＡＩＣバイリンガル幼稚舎では、中国・上海の教育グループと提携する計画が進んでいる。同グループの関係者が幼稚舎へ見学に訪れた際、礼儀やしつけも含めた日本的な教育に感銘を受けたことが、提携の決め手になったという。日本的な教育は、中国においても大いに評価されているのである。

●ほかのアジアの子どもたちに負けない英語力を持つ生徒を育てたい

同社は二〇一七年に中国・深圳、二〇一八年は広州でＦＣ校をスタートさせている。「二〇二〇年までにアジアで六校ほどＦＣを展開したい」と桑原氏。理由は、市場の成長性である。実は、海外のインターナショナルスクールは、まだまだ数が不足している。今後、急成長すると見られるアジア市場で、他社に後れをとらないよう加速度的に展開を進めたい考えだ。

「少なくとも、ほかのアジアの国の子どもたちに負けない英語力を持った生徒を育てていきたい」。世界で活躍できる〝真の国際人〟を育てるべく、同社の事業は今後も国内外で加速していきそうだ。

第4章

教育×ITで広がる可能性

1　EdTech《エドテック》って何？

(1)　急速に進展しているデジタル社会

一九九〇年代半ばからのインターネットと携帯電話の急激な普及により、世界中に情報化の波が押し寄せた。

情報通信ネットワークの形成が進み、さらにスマートフォンが世界的に普及した結果、人々の意識や行動の範囲が時間や場所を超えて世界的な広がりを持つことになり、世界中でさまざまな変化、成長、進歩の機会が拡大することとなった。

日本においても、二〇〇〇年代にはＦＴＴＨ（家庭用光ファイバー通信回線）などのブロードバンド通信と第三世代以降の携帯電話の進展により、世界でも有数の情報通信ネットワーク基盤を有する国となった。その後、日本国内のＢtoＣ－ＥＣ（企業対消費者間の電子商取引）市場は拡大を続け、一六・五兆円（二〇一七年、経済産業省調べ）の市場規模となっている。

さらに現在、情報通信ネットワークの発達やＩｏＴ（モノのインターネット）、ＡＩ（人工知能）、ビッグデータ、ロボットの発展などにより、第四次産業革命とも呼ばれる大きなイノベーションの波が押し寄せ、私たちの生活や、企業を取り巻く経済環境が画期的な変化を続けている。

二〇一八年六月に、政府が新たな成長戦略となる「未来投資戦略２０１８」を閣議決定し、現在進行中である。

未来投資戦略ではＩｏＴ、ＡＩ、ビッグデータなどを産業や社会に取り入れることで、さまざまな社会課題を解決する超スマート社会「Ｓｏｃｉｅｔｙ（ソサエティー）５・０」の実現を目指すとしており、「移動・物流革命による人手不足・移動弱者の解消」や「ブロックチェーンなどの技術革新で弱み克服」「インフラ管理コスト（設置・メンテナンス）の劇的改善」「中小企業ならではの多様な顧客ニーズへの対応」などが掲げられている。

(2) 学び方改革を可能にするEdTech

現在、あらゆる業種で最先端のデジタル技術を導入する動きが顕著である。これは「〇〇×Technology（技術）」という掛け合わせの数式にちなんで、「Ｘ－Ｔｅｃｈ（クロステック）」と呼ばれている（図表４－１）。

総務省の「情報通信白書」（二〇一七年版）によると、Ｘ－Ｔｅｃｈのトレンドは「産

図表4-1　X-Techの事例

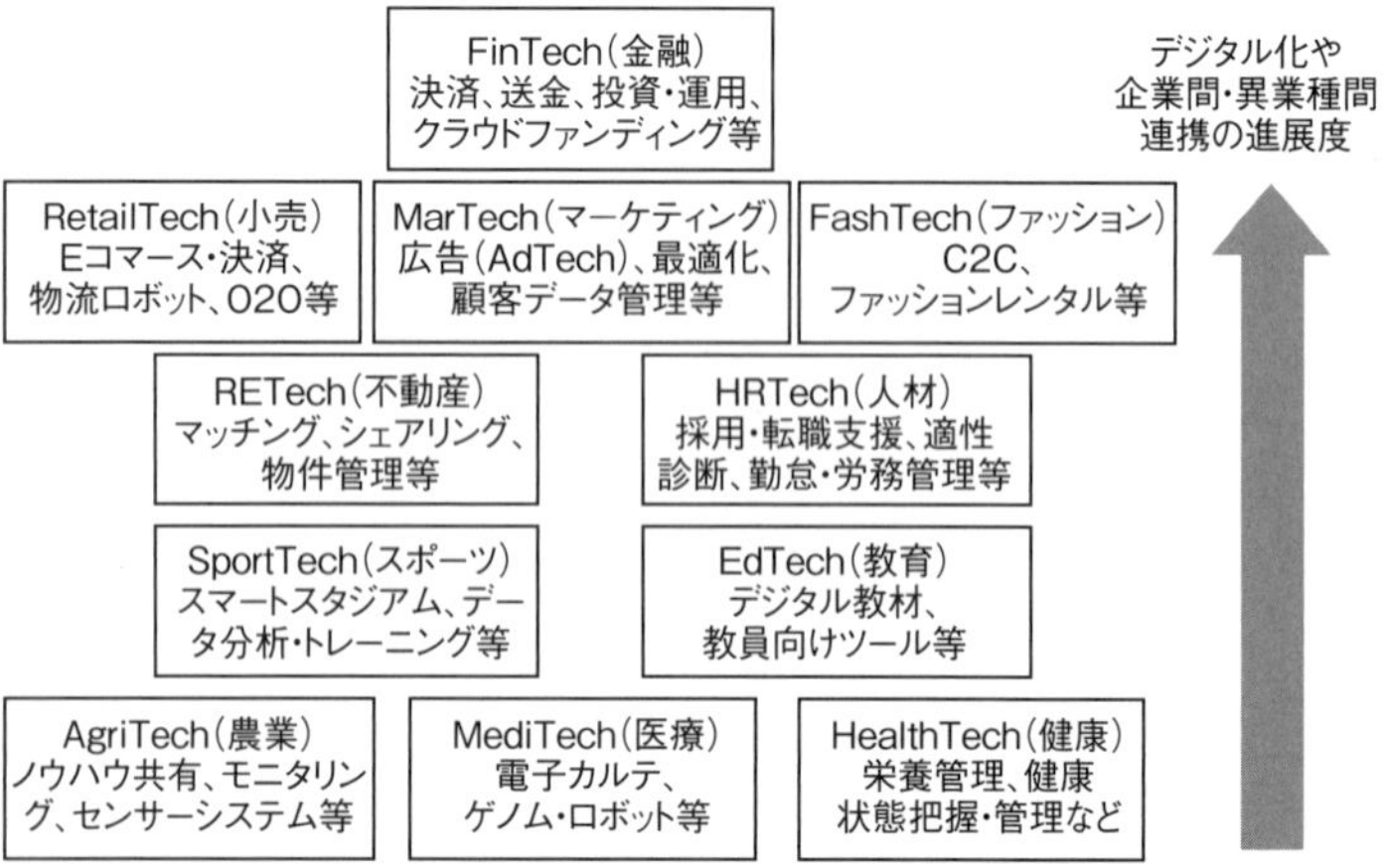

出典：総務省「情報通信白書（2018年版）」

業や業種を超えて、テクノロジーを活用したソリューションを提供することで、新しい価値や仕組みを提供する動き」だと捉えられるという。

現在、教育におけるイノベーションを起こす新たなビジネス領域として、世界中から熱い視線を注がれているのが「EdTech（エドテック）」である。EdTechとは、Education（教育）とTechnology（科学技術）を組み合わせた造語で、発祥は米国だ。文部科学省だけではなく、経済産業省や総務省なども推進強化に取り組んでいる。とはいえ、海外に比べると日本の普及は遅く、先進国のなかでも最下位のレベルにある。ただ、アベノミクスの一環として国策で動き出しており、今後推進されていくことは間違いない。

ＥｄＴｅｃｈは、二〇一二年に米国で始まったＭＯＯＣ（ムーク／Massive Open Online Course）が火付け役となった。ＭＯＯＣとは、一流大学の講義や資格取得講座などをインターネット上で誰もが無料で受講できるほか、条件を満たせば修了証も取得できる大規模な公開オンライン講座だ。世界の学習者人口は八〇〇〇万人以上ともいわれている。代表的なプラットフォームは、ビル・ゲイツなども支援している「Khan Academy（カーンアカデミー）」や、世界の六〇以上の大学の講義が受けられる「Coursera（コーセラ）」「edX（エデックス）」などがある。

第4章では、未来の教育産業の事例として、日本国内におけるＥｄＴｅｃｈ企業を取り上げる。一社目は、ユニークなオンライン教材を低価格で提供し、急成長を遂げている「すらら ネット」、二社目は、四〇〇〇万人の利用者数を誇る学習アプリの運営会社「スタディプラス」である。これらの事例から、これからの教育に欠かせないＥｄＴｅｃｈの実像に迫ろうと思う。

2 落ちこぼれをつくらない「現代の寺子屋」

ユニークなオンライン学習教材を低価格で提供して急成長を続け、二〇一七年一二月には東証マザーズ上場を果たした「すららネット」。その活動は、国境を越えて世界へと広がっている。

事例⑨ すららネット
ITと励ます仕組みづくりで世界へ進出

●子どもたちが変わった

インドネシアの教育大学付属小学校。授業は完全に混乱し、教師の言葉を真剣に聴く子どもはごくわずかだった。ところが数カ月後、子どもたちはパソコンに向かい、真剣に勉強に取り組んでいる。教師がしていることといえば、ときどき「よくできたわね」「その調子」と励ますだけだ。

「子どもたちが混乱していたのは、分からないから。分かるようになれば、学ぶのが楽しくなる。ここには落ちこぼれる子はほとんどいません」。そう話すのは、すらら

インドネシアの教育大学付属小学校での授業風景

ネット代表取締役社長の湯野川孝彦氏。子どもたちが取り組んでいるのは、同社が開発したオンラインの学習教材「すらら」のインドネシア語版「Ｓｕｒａｌａ Ｎｉｎｊａ！」。まるでＲＰＧ（ロールプレイングゲーム）を思わせるアニメーションのキャラクターと対話をしながら、算数の基礎を学んでいく。

同社の設立は二〇〇八年で、社員数はわずか三二人。だが、「すらら」で学ぶ子どもは小学生から高校生まで含めて、世界で六万人を超える。二〇一二年には日本ｅ－Ｌｅａｒｎｉｎｇ大賞「文部科学大臣賞」を受賞。児童・生徒用のｅラーニングソフトは、大手企業も多数参入している。そのなかでの受賞。いったい何が違うのか。

●学力が低い原因は何か

湯野川氏は、知る人ぞ知るベンチャー請負人だ。フランチャイズ（以降、FC）などの中小企業支援を行なう会社で、外食チェーンやすしの宅配、女性向けのフィットネスチェーンのFC展開を仕掛けた。

二〇〇四年に、個別指導塾のFCチェーンの支援を手がけることになり、湯野川氏が担当。最初に個別指導チェーンの事業を分析して成功のポイントを探すため、会社としてFCに加盟し、塾を経営してみたという。東京で塾をゼロから立ち上げ、一年半後には生徒数が一八〇人に達し、FCに加盟する四〇〇校のなかでもトップクラスをうかがう規模にまで成長したが、大きな問題が明らかになった。生徒の成績が伸びないのだ。

「子どもが『先生これってどういうこと？』と質問してくると、私もコンサルタントで、教えるのには自信がありましたから、『よっしゃ』と教えるわけです。ところが、子どもは『全然分からない』と言う。待てよ、これは問題だとそこで気がついたわけです」

成績のよい子どもはすでに大手の塾に通っており、何のブランドも評判もない新規開校した塾へ最初に来るのは、成績の悪い子どもが大半。実際、「オール1」の子どももいたという。

「学力がないからといって、理解ができないわけではない。どこかでつまずいているから、その先が分からなくなってしまっているだけで、そのつまずきを解消してあげたら、その子は伸びるはず。そう考えたんです」

だが、つまずいたきっかけは一人一人違う。集団塾で全員をフォローしていくのは事実上、不可能だ。個別指導なら、きめ細かく見てあげることができるが、それには費用がかかる。

湯野川氏は「学力と世帯収入には、やはり少なからず相関関係があります。そうした子どもたちにリーズナブルな月謝で学力をつけてもらうには、やはりＩＴの力が不可欠」とeラーニング教材の開発に乗り出した。

二〇〇五年に企画して、エキスパートとして趣旨に賛同する英語・国語・算数の教師、キャラクターや世界観をデザインするクリエーターを集めて、コンテンツを制作。

eラーニング化に当たっては大学教授を顧問に招き、緻密に構築していった。

作成する上では、基礎の基礎から進めることを心がけた。算数では、「数」の概念から始めて「数える」ことを学び、計算に進む。さらに、階段の一段一段を低くして少しずつステップアップしていく。つまずく要素を徹底的に排除し、子どもの学力によって柔軟に対応する力作プログラムが二〇〇七年に出来上がった。

だが、大きな問題があった。

「学力が低い子どもは概して、学習習慣がないのです。これが非常にやっかいで、よいソフトウエアができても、それを目の前に置いておくだけで、取り組もうとはしない。学力が低いうちは自尊心も低く、どうせ自分なんかとなってしまうのです」

そこで、湯野川氏は、ＢtoＢtoＣという形にこだわった。学校や塾などの校舎があって、そこに来たら教師が優しく接してくれて、ちゃんとできたら励ましてくれるという、従来の塾のスタイルだ。もっとも教師の役割は、従来の学習塾とはがらりと変わる。

「教えるのは『すらら』がやってくれるので、教師の役割は、ティーチャーではなく、ファシリテーターとかモチベーター、コーチといったところ。塾のオペレーションも教師のマインドも、大きく変える必要がありました」と振り返る。

その戦略は見事に成功する。子どもたちはみるみる目の輝きを増し、成績も上がっていく。その姿に湯野川氏は心打たれた。

大阪・近畿大学附属中学校でも「すらら」を導入

「子どもたちの笑顔を見るのはもちろん楽しいのですが、その笑顔の先に彼らの人生が開けていくのが見える。もしかしたら落ちこぼれて、生活保護を受けることになっていたかもしれない子どもが、自信をつけて世に出て行き、自立して活躍できるようになる。やりがいは、これまでのどの事業よりも大きかったですね」

そして二〇一〇年、所属していたＦＣ支援会社からＭＢＯ（経営陣買収）で、自ら立ち上げた教育事業を買い取り、独立した。

●教育から世界を変える

以後「すらら」は、教材を使う塾、脱サラして塾で開業しようとする人などが教材として採用。大手の塾や小・中学校、フィットネスクラブなど異業種からの参入も増えているという。

「地域のフィットネスクラブでスイミングスクールをしているが、小学生は高学年になると塾に通うからとやめていく。じゃあ、自分のところで塾もしようじゃないかと。従来は教務のできる教師がいなければできませんでしたが、『すらら』があれば、進捗管理をし、励ますだけでいい」

加えて、言葉の壁を越えて、海外へも展開しているのは冒頭で紹介した通りだ。スリランカでは、マイクロファイナンスを運営している「女性銀行」と提携して、スラム街の真ん中で、算数が学べる塾を開いた。月謝は日本円換算で数百円。現地の低所得家庭でも十分払える額だ。

世界中の誰もが効率的な教育を受けられるようになれば、その活動は、単なる塾の域を越えて、新興国・途上国の子どもの基礎学力を底上げすることにもつながる。

「三〇年後か四〇年後、ノーベル賞の授賞式のスピーチで、アフリカのサバンナに生まれた学者が受賞している。そしてそのスピーチのなかで『僕が今あるのは〝すらら〟のおかげです』と言ってくれたら、なんて夢を見ているんです」と笑う湯野川氏。教育界に投じた小さな石が、世界に変革をもたらすかもしれない。

3　一人一人の「主体的な学び」を支援

ＥｄＴｅｃｈ（教育×ＩＣＴ）のパイオニアである「スタディプラス」が、未来志向の「学びのプラットフォーム」で目指すものは何か。「学ぶ人がモチベーション高く、教える人は的確かつ効率的に」を実現する学習管理アプリを紹介する。

事例⑩　スタディプラス

デジタルネイティブの「当たり前」をサービスに

●四〇〇万人が利用する学習アプリ「Studyplus」

「努力した者がすべて報われるとは限らないが、成功した者は皆、努力している」ベートーベンの言葉とも伝えられるこの格言は、地道な努力の積み重ねの大切さを教えてくれる。だが、努力を測る物差しは少なく、その〝証し〟は見えにくい。

それが誰でも簡単に分かるスマートフォンアプリがある。学習管理プラットフォーム「Ｓｔｕｄｙｐｌｕｓ（スタディプラス）」だ。

配信開始わずか六年後の、二〇一八年一二月には四〇〇万人を突破した。大学進学

アクティブユーザー数が400万人を超え、学習アプリでは国内で最も利用されている「Studyplus」

を目指す高校３年生の三人に一人以上、大学生や社会人も資格取得や語学力の研鑽に利用するなど、教育系アプリでナンバーワンの支持を集める。その理由は何だろうか。

「日々の学習内容を記録し、グラフに可視化して自己管理できること。ＳＮＳでユーザー同士が勉強仲間として互いに励まし合えること。二つの要素で勉強の習慣化を支援するユニークさかなと。学習管理のツールがほかになかったことも大きいですね」。穏やかな語り口で話すのは、代表取締役の廣瀬高志氏。大学生で起業し、二〇一二年にＳｔｕｄｙｐｌｕｓ、二〇一六年は教育機関向けの学習管理支援サービス「Ｓｔｕｄｙｐｌｕｓ　ｆｏｒ　Ｓｃｈｏｏｌ」の提供をスタートした。ＥｄＴｅｃｈを推進するパイオニアとして注目を集める同社だが、廣瀬氏は時代の追い風もあったと振り返る。

「スマートフォンの普及率が一気に高まるタイミング。中高生が勉強に役立つアプリを探し、口コミで広がりました」

ほかにない新サービスの原点は、廣瀬氏自身の高校時代にさかのぼる。何をどれだけ学んだのかを知るために「勉強記録ノート」を作成し、モチベーションが向上した成功体験だ。また予備校の授業で、講師から一方通行の学習スタイルに違和感を覚えたことも、ヒントになった。

「一人一人学びたいこともペースも違うのに、とても非効率だと感じました。もっと主体的な学びにできないか、と」

Ｓｔｕｄｙｐｌｕｓは、そんな思いを体現するため、学習した時間や量を記録し、進捗度を日・週・月ごとにグラフ化して「学びのプロセス」を見える化。学習意欲の高い仲間の記録や参考書レビューを共有できるＳＮＳ機能も加えた。

記録をつけるなんて、面倒なことは誰もしない……。そんな厳しい声もあった。「でも、学力の向上って、勉強時間に比例するもの。地道に高めることが重要ですし、協調するコミュニケーションも力になります」と廣瀬氏は言う。

Ｓｔｕｄｙｐｌｕｓの存在感は「オンライン自習室」に例えると分かりやすい。自宅で孤独だった学びが、同じ目標を持つ仲間が支えてくれるネットワークで開放されるイメージだ。

「受験生が『スタプラのみんなのおかげで、合格しました』と書き込んでくれる。認知度も役立ちも、手応えを感じています」

●教育機関の役割を変える学習管理支援ツール

学ぶ人だけではない。教える人にも変革をもたらしてくれるのが、Ｓｔｕｄｙｐｌｕｓ ｆｏｒ Ｓｃｈｏｏｌだ。二〇一七年に、大手予備校が全校で導入したほか、全国五〇法人の学習塾や専門学校が学習管理支援ツールとして採用した。その役立ちは、高校にも広がりつつある。

Ｓｔｕｄｙｐｌｕｓ ｆｏｒ Ｓｃｈｏｏｌは、学習計画を作成するプランニング機能、学習履歴にコメントを送信するタイムライン機能、面談・指導記録のカルテ機能、生徒間の相対比較ができるアナリティクス機能などのサービスを提供。「教える」から「主体的な学びの支援」へと教育機関の役割が変わり始めた現在では、「講師やチューター（学習指導員）が担う学習サポートの価値を増幅するツールとして、すごく相性がいいと評価を受けています」とのことだ。

「Studyplus」はiOS版とAndroid版をリリース。2016年には日本e-Learning大賞「最優秀賞」を受賞

紙の資料やフェース・ツー・フェースの対面指導は、時間や場所の制約が多い。同サービスは、一人一人が「何を学んだか？」を授業だけではなく自宅学習も含めて把握。「どうするか？」の未来志向の指導・分析がいつでもどこでも可能で、手厚いサポートを期待する保護者も満足できる。導入先での交流会も開催し、上手な活用法を共有して磨きをかける教育コミュニティーが生まれている。

「『カスタマーサクセス』と社内で呼ぶ、利用促進のアドバイスに力を入れています。例えば、生徒の勉強記録に講師がどれだけ『いいね！』を送っているか。見守ってくれるコミュニケーションが学びの継続には重要です」

時流も動き出している。国は学校教育のICT化を積極的に推進するスタンスだ。経済産業省は二〇一八年から『「未来の教室」とEdTech研究会』を設置。廣瀬氏も協力し、日本の教育現場に、革新的なEdTechを活用する未来像を描き出そうとしている。

「期待していただくのは、ありがたいこと。将来的にオンラインの学習管理を当たり前にしたいですね」

それはまた、人手不足や長時間労働というブラックなイメージが強い教育界で、生産性向上による働き方改革を実現することにもつながっている。

●データ活用とAPI連携で「学ぶ喜びをすべての人へ」

Studyplusは無料で利用できる。Studyplus for Schoolも、生徒一人当たりアカウント料が一〇〇〇円未満という利用のしやすさが魅力だ。収益モデルのベースは広告収入で、全国三〇〇超の大学、学習塾などの教育機関が中心。近年は、コンタクトレンズや晴れ着など、若年層にプロモーションを展開したい教育業界以外の産業からの出稿も拡大している。

「ユーザーの高校生の志望校や、学びのプロセスという独自性の高いデータが強み。

ターゲットをセグメントして展開できるメディアとしての価値を認知していただいています」

今後は、映像授業など多様な教材アプリとＡＰＩ※で連携し、学びを自動記録し一元管理する「学習ログのハブ」を目指す。見据えているのはＡＩ時代だ。単純労働のリプレースで人の役割が高度化し、学び続ける重要性はさらに高まっていく。

「私たちの立ち位置はプラットフォーム。どんな教育コンテンツとも連携できるのが特徴です。手を取り合って、金融のＦｉｎＴｅｃｈ（フィンテック）などに負けないように盛り上げたいですし、ようやく〝ＥｄＴｅｃｈ元年〟が訪れる実感があります。『学ぶ喜びをすべての人へ』をミッションに、社会全体に貢献できる事業を展開していけたら、と考えています。もちろん、教育にはこだわり続けていきますよ」

創業期から雌伏期を経て、急成長期に入ったと笑顔で語る廣瀬氏。「明日伸びんがために、今日は縮む」との先人の訓《おしえ》があるように、コツコツ努力した雌伏期を飛躍の力に変え、新時代の扉を開こうとしている。

※アプリケーション・プログラミング・インターフェースの略。コンピューターの異なるプログラム間で情報のやりとりをするための仕様

第5章

人生一〇〇年時代における〝学び〟

1 企業の寿命は短くなっている

倒産企業の平均寿命は「二三・九年」（二〇一八年、東京商工リサーチ調べ）だという（図表5－1）。「企業の寿命は三〇年」とよくいわれるが、実際にはそれよりも早く倒産している。大学を卒業して勤続四〇年で定年――は遠い昔の話である。すでに私たちは、定年を迎える前に会社がなくなる時代に生きているのだ。

また、多くの企業では終身雇用制度が事実上、崩壊している。リクルートワークス研究所が実施した「全国就業実態パネル調査２０１７」によると、男性正社員で入社（初職）して一度も退職せずに「終身雇用」の道を歩む人（転職回数ゼロ）は、三〇歳代後半で四二％、四〇歳代で三八％。五〇歳代後半では三二％。つまり、定年（六〇歳）まで同じ会社で働き続ける男性は三割程度にすぎない。一方、定年までに二回以上の退職を経験している男性社員は四割に達している（図表5－2）。

職業生活を同じ会社で全うする人は少ない。不幸なことに勤務先が倒産する、または業績不振に伴う希望退職に応じる、あるいは希望職種とのミスマッチや人間関係・処遇の問題で転職に至るケースもある。そう考えると、定年を六〇歳と仮定した場合、大学を二二歳で卒業して定年を迎えるまで、少なくとも二回以上は転職する可能性が

図表5-1　倒産企業の平均寿命の推移

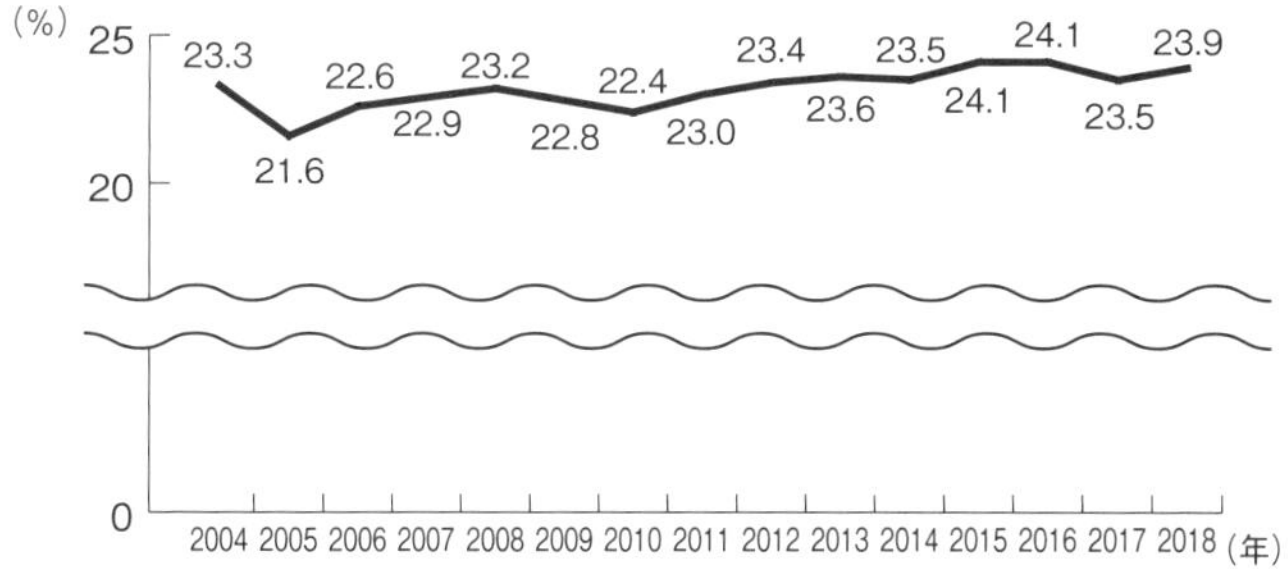

出典：東京商工リサーチ

図表5-2　年齢階級別の転職割合（現在有業の正社員）

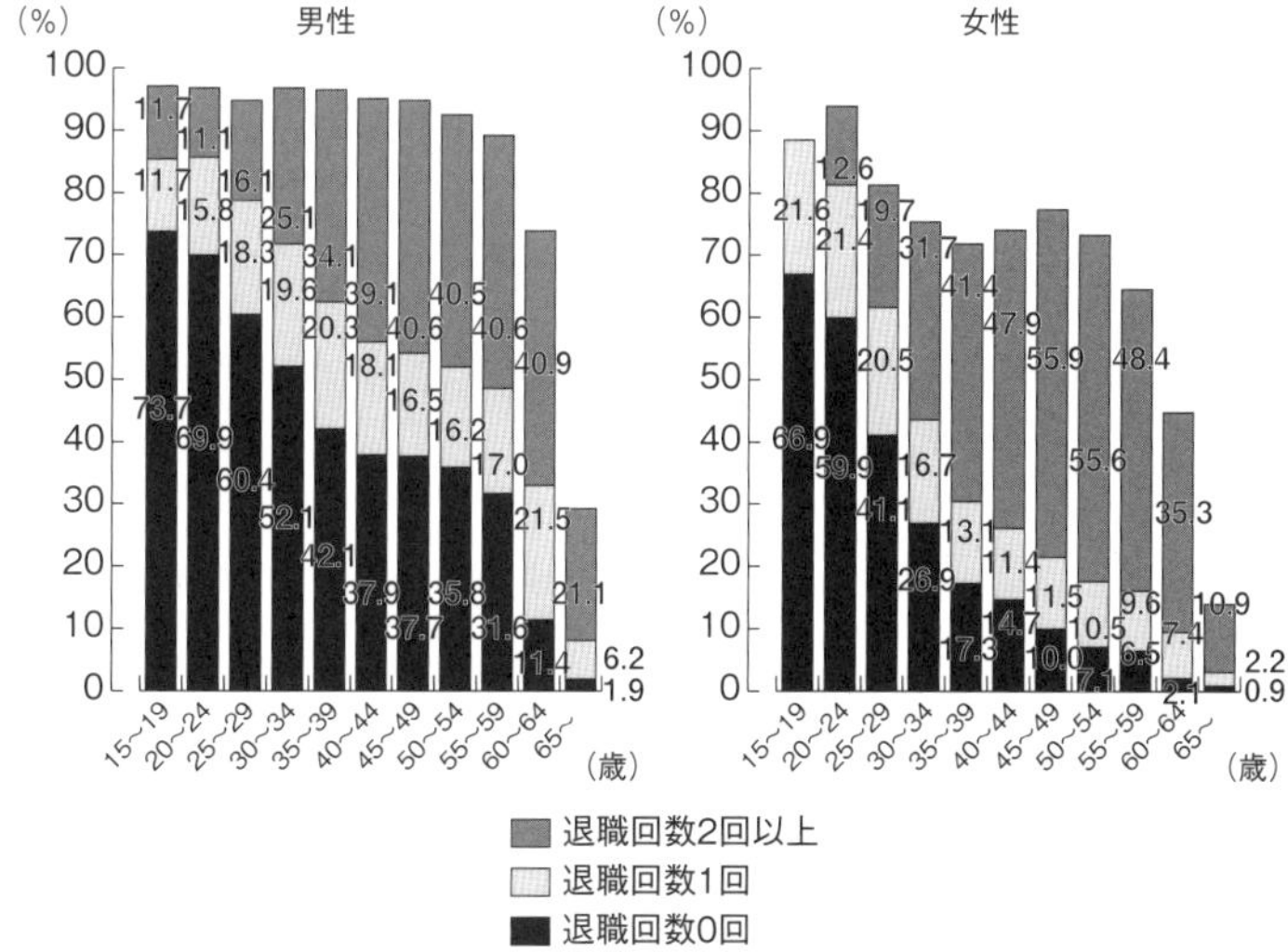

出典：リクルートワークス研究所「全国就業実態パネル調査2017」
資料：内閣官房・人生100年時代構想会議「人づくり革命 基本構想 参考資料」（2018年6月13日）

高い。その際に、同じ業種や職種で転職できればよいが、そのときの年齢や経済情勢によって、関連しない業種や意にそわない職種に就くこともあるだろう。

その場合に必要となってくるのが「学び」なのである。学校在学中に自分のやりたい仕事を見つけて、そこへ向かって就職活動していく。しかし、その後はどうだろうか。目の前の仕事に追われて、日々が過ぎていく。その仕事に関する知識や技術・技能レベルは上がっていっても、それ以外のことは身に付かない。

人事異動のある会社であれば、職種が変わる意味では新しい経験を積むことができるが、そもそも人材育成という視点より、社内の適正配置のために異動させる企業が多い実態がある。そういった環境のなかで育った人材が、他社に転職して即戦力として適応できる会社はどれだけあるだろうか。

そう考えていくと、〝転職するため〟ではなく、「自分の強みを複数つくるため」の学びが必要になってくる。

2　キーワードは「リカレント教育」（学び直し）

厚生労働省の「簡易生命表」（二〇一七年）によると、日本人の平均寿命は男性八一・

〇九歳、女性八七・二六歳。しかし、日本人の多くがこの年齢に到達すると、人生の終わりを迎えるわけではない。「寿命中位数」（出生から経過して生存者数と死亡者数がちょうど半々になる年齢）を見ると、男性八四・〇八歳、女性九〇・〇三歳である。つまり、平均寿命を迎えた人の半分以上は生存しているわけである（図表5-3）。

日本の一〇〇歳以上人口は六万九七八五人（二〇一八年）と七万人に迫り、三〇七八人だった一九八九年（平成元年）から約三〇年間で二二・七倍にまで増加した（図表5-4）。英国ロンドン・ビジネススクール教授のリンダ・グラットン氏の予測によると、二〇〇七年に生まれた日本の子どもの五〇％は一〇七歳に到達する可能性があるという（図表5-5）。

人間の生存期間が一世紀（一〇〇年）に及ぶ時代が、すでにやって来ている。私たちは、学生二〇年、社会人四〇年、老後二〇年という「人生八〇年」のライフサイクルの見直しを迫られている。

では、どの部分が長くなるのか。現在の日本の財政状況（破綻しかけている公的年金制度など）を考えると定年延長の動きが進み、社会人、すなわち働く期間が長くなるに違いない。四〇年から五〇年、さらに六〇年へと延びていくことが想定される。

そこで政府は二〇一七年、年齢にかかわらず学び直しができ、新しい物事にチャレ

図表5-3　寿命中位数と平均寿命の年次推移

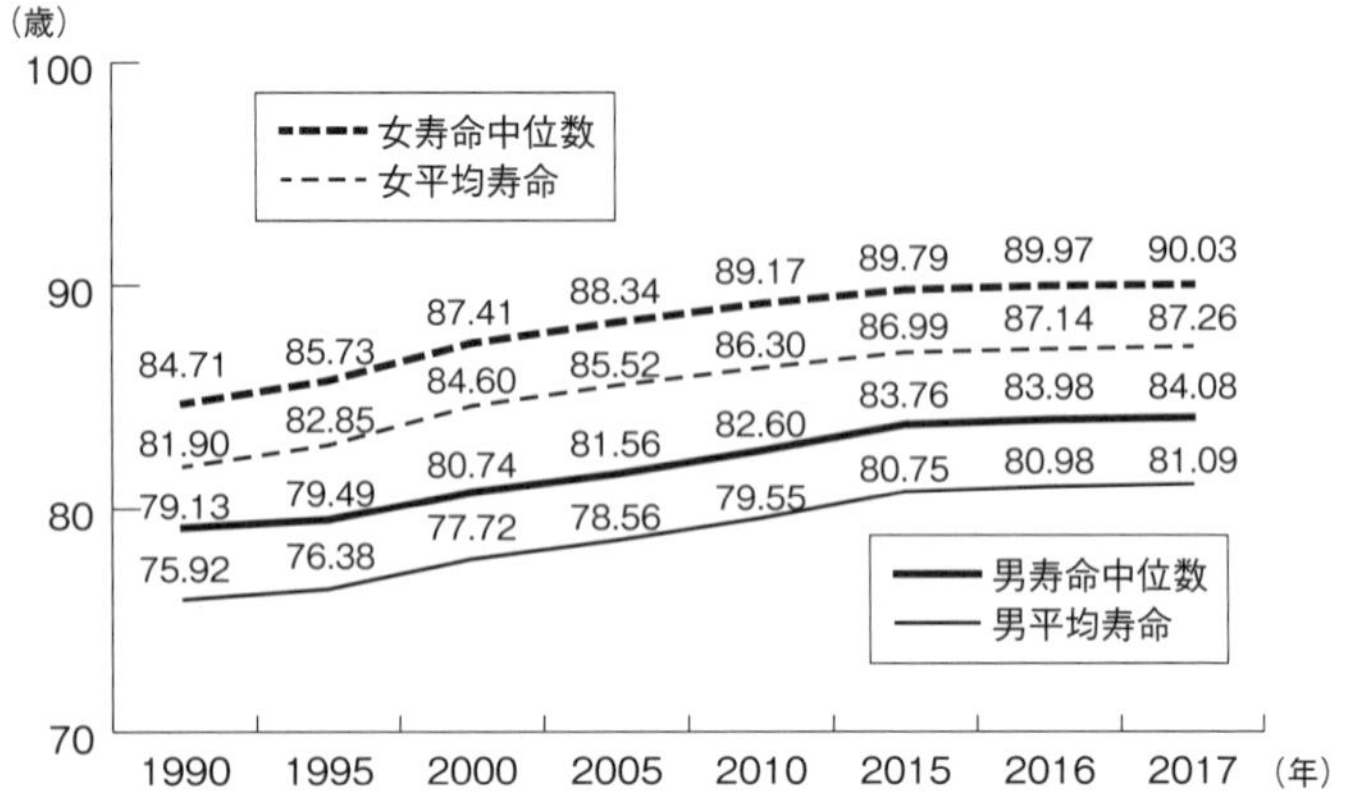

注：2015年以前は完全生命表による
出典：厚生労働省「平成29年簡易生命表」

図表5-4　100歳以上高齢者数の年次推移

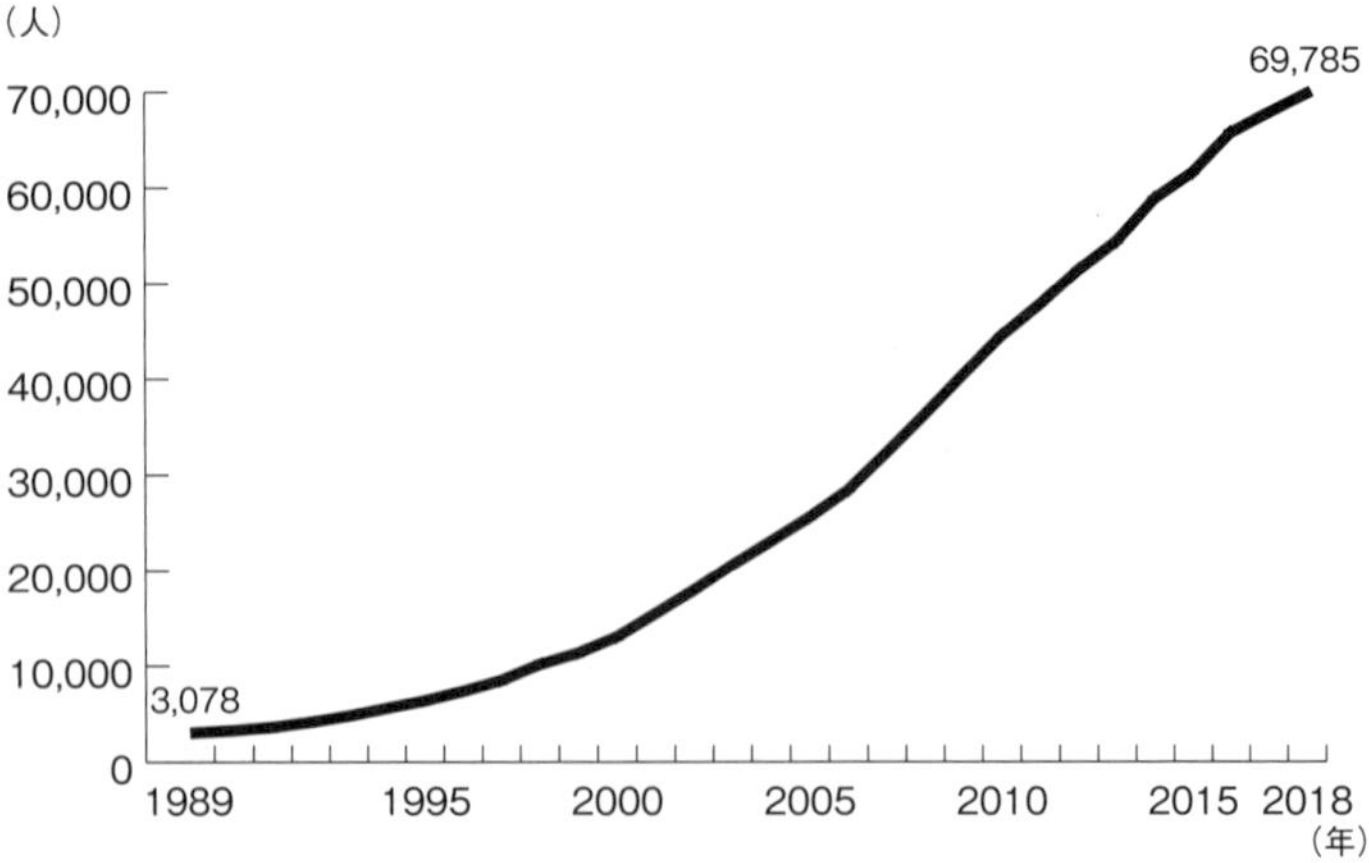

出典：厚生労働省「平成30年 百歳以上高齢者等について」(2018年9月14日)

図表5-5　2007年生まれの子どもの50%が到達すると期待される年齢

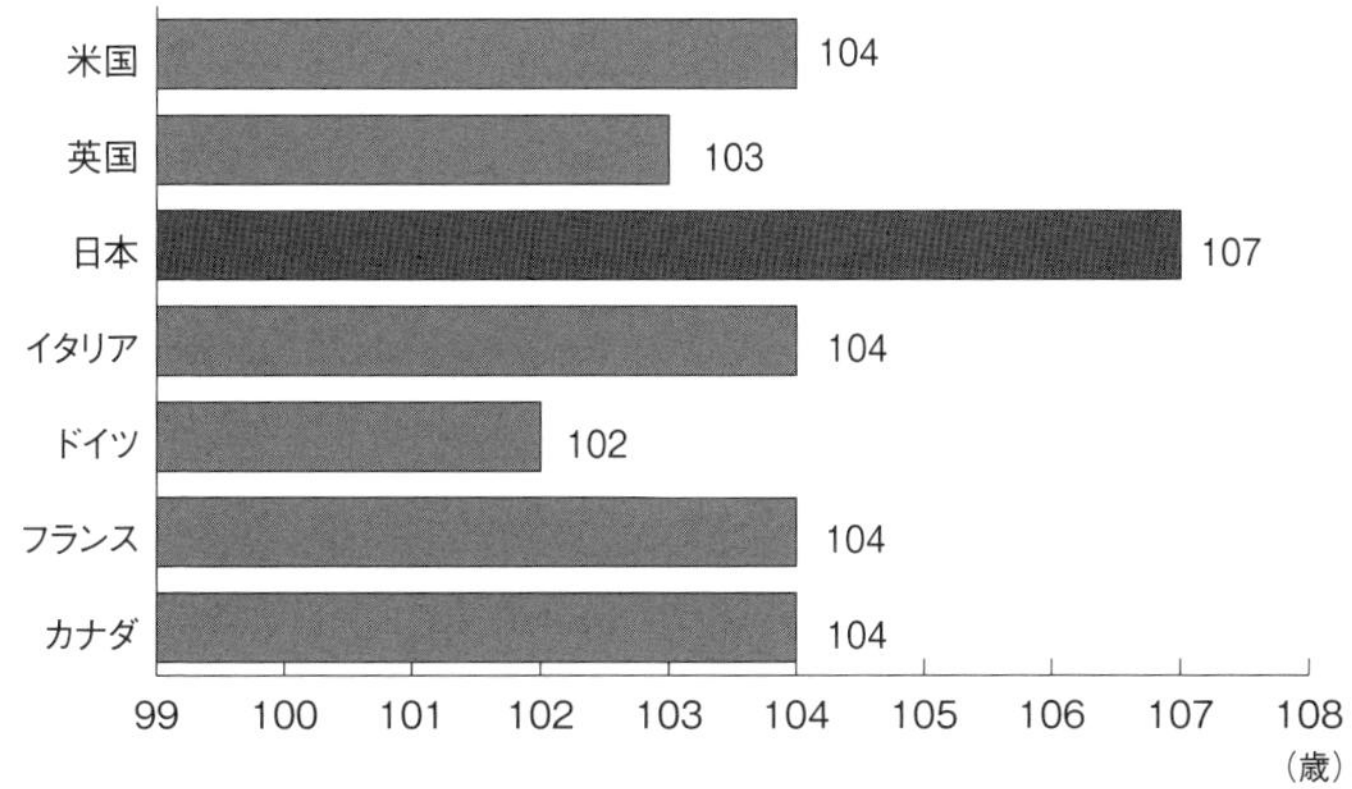

出典：内閣官房・人生100年時代構想推進室「第1回人生100年時代構想会議」（2017年9月11日、リンダ・グラットン氏提出資料）

ンジができる社会づくりを検討する「人生１００年時代構想会議」を立ち上げた。そのなかで、リカレント教育に約五〇〇〇億円を投資していく方針を明らかにしている。

　リカレントとは、「再発する、周期的に起こる」という意味で、社会人になっても周期的に教育を受けることを意味する。「人生一〇〇年」という長い生涯にわたって学びと仕事を繰り返す仕組みをつくり、出産や育児で退職した女性や定年退職した高齢者などが再就職しやすくするというものだ。このリカレント教育は欧米で普及しているが、日本ではまだ、ほとんど知られていない。

　短命化する企業に対し、長命化する社

会人。そうなると、おそらくリカレント教育は最低でも二、三回は必要になってくるだろう。

(1) 学歴より〝学習歴〟

そういったなかで、これからは「学歴の見方」が変わる――と私は考える。もっと具体的にいえば、学歴ではなく〝学習歴〟になるのではないだろうか。転職する際には、自分の職務経歴書を出すことが多いが、それに加えて学習歴が必要になると予想している**（図表5-6）**。

その理由は、二つ考えられる。まずは、世の中の変化のスピードだ。学校で培ってきた学びや、企業に就職してからの経験が、時代の変化によって陳腐化するスピードが速くなる。自身のスキルを陳腐化させないため、または新しいスキルを得るために、学習が必要になってくるのである。よく資格取得に躍起になっている人がいるが、それも一つかもしれない。目的のあるなしにかかわらず、自分のスキルの幅を広げるという意味では、それもリカレント教育の一環である。

次に、二〇二〇年度の教育改革以後は、学歴の定義が変わることも挙げられる。読者の皆さんは、学歴の高低と仕事の優劣はどれくらい比例すると感じるだろうか。

図表5-6　学習歴（訓練歴）のイメージ

氏名	仕事 太郎

No.	期間	教育・訓練機関名 学科（コース）名	内容等
1	2002年4月 ～2005年3月	東京都立霞ヶ関高等学校 普通科	中学時代から吹奏楽をやっている。高校3年生のときにはクラリネットを担当し、全国コンクールで3位に入賞。
2	2005年4月 ～2008年9月	千代大学 経済学部経済学科 （マクロ経済学専攻）	開発経済学をテーマにしたゼミに所属し、先進国の経済成長が伸び悩む中、〇〇の経済発展が〇〇地域の経済へ与える影響を研究課題にした。この研究の過程で、研究内容と共に文献の扱い方や幅広い視点から複眼的にテーマを捉えることの重要性を学んだ。 経済的な理由により途中退学。
3	2010年4月 ～2010年9月	A英語専門学校 国際ビジネスコース	仕事に役立つ英語を体系的に学び、TOEICの高得点を目指すもの。英文資料や書籍を読むスピードが上がった。20××年〇月時点で700点。以降は受験していない。

出典：厚生労働省／ジョブ・カード 職業能力証明（学習歴・訓練歴）シートサンプルを基に作成

私は、偏差値の高さは「努力ができる」という意味で仕事の出来につながると考えている。しかし、そうではないケースに遭遇することも多々ある。とりわけ、創造性や柔軟性が必要な仕事の場合である。決められたことをこなすことは得意だが、臨機応変な対応を求められると急にフリーズ（動作停止）してしまう高学歴社員も少なくない。

だが、今後の変化が激しい世の中では、臨機応変な対応は当たり前のことであるし、対応できなければ会社がつぶれる。

(2) 学び続けるモチベーション

リカレント教育は、日本で普及するだろうか。これには時間がかかると私は考える。なぜなら、「ヒト不足」の問題があるからだ。

以前、あるタクシー会社の社長と話した際、「これからの世の中は自動運転になるのに、運転手不足という目の前の問題で人材採用を行なわなければならないという、もどかしい状況にある」と教えてもらった。

野村総合研究所は二〇一五年、「一〇～二〇年後に日本の労働人口の四九％の職業がＡＩ（人工知能）やロボットなどで代替可能になる」という試算結果を発表して話題を呼んだ。しかし同調査では、目の前の事業運営に人手が足りないため、人が採用され続ける時代はもう少しの間続く、とも予想している。

リカレント教育が普及するには、環境変化が必要だ。それは、労働力の充足にほかならない。では、少子高齢化を止められないなかで労働力を充足するには、どうなればよいか。不景気になる（願いたくないことだが）、もしくはＡＩやロボットに仕事を奪われる、といった環境変化ではないだろうか。

就業環境が厳しくなると、就職・転職するのにも熾烈《しれつ》な競争が生まれる。その競争に勝つためには、他者との差別化が必要になってくる。その差別化の一つが、リカレント教育になってくると考えている。

そこで、リカレント教育に関連する事例として、スキルシェアサービスを運営する

「ストリートアカデミー」と、無料で学べる日本最大のオンライン大学講座を提供する「一般社団法人日本オープンオンライン教育推進協議会」（略称JMOOC／ジェイムーク）、そして近年増加している「企業内大学」、さらに最近人気を集めている「オンラインサロン」を取り上げ、学び直しの重要性について考察してみたい。

3　学びのプラットフォームモデル

このところ、成長するビジネスモデルとして「プラットフォーム」が注目されている。これは簡単にいえば、多くの人々が商品やサービスを売買・譲渡・貸借し合ったり、情報をやりとりしたりするための、オンライン上の「基盤」である。今、老若男女にかかわらず幅広い層の人々を対象とした、学びのためのプラットフォームを構築する動きが活発だ。

この学びのプラットフォームは、多種多様なものが運営されている。すべてを紹介するわけにはいかないので、ここではリカレント教育に有用な代表的なものを紹介していきたい。

(1) 教える人と学びたい人をつなぐ「スキルシェア」

誰でも先生になり、自分の教室やワークショップを開催でき、講座には誰もが気軽に参加できる。「ストリートアカデミー」は、こうしたスキルシェアと呼ばれるC to C（個人間取引）のマッチングアプリビジネスを手がける企業だ。そのサービス名は「ストアカ」。「気軽に、たくさん学べるよう、学びの選択肢を増やす。それによって、自由に生きる人を増やすこと」が同社のミッションである。

事例⑪ ストリートアカデミー

学びの選択肢を増やし、自由に生きる人を増やす

●「教えたい人」と「学びたい人」をウェブ上でマッチング

ストリートアカデミーの創業（二〇一二年）のきっかけは、代表取締役CEO・藤本崇氏の原体験にさかのぼる。藤本氏は二〇歳代の頃、会社員として働く傍ら、夜な夜な料理学校や映画学校へ通った。料理学校では調理師免許を取得、映画学校にも通っていたという。しかし、会社員生活との両立は同僚からの目も厳しく、結局、どちら

も中退せざるを得なくなった。

「会社の上長や先輩からは、『君は何をしているんだ』『お金の使い方はちゃんと考えたほうがいい』と諭されましたが、『仕事だけでなく、自分がやってみたいと思う学びや体験にお金を使ってもいいはず』と思っていました」と藤本氏。金銭的、心理的なハードルを下げ、トライしやすい環境をつくることで、気軽に異分野へ挑戦する人はもっといる――そんな感触をつかんでいたという。

ここで、スキルシェア市場について簡単に説明したい。今、ビジネストレンドの大きな流れである「シェアリングエコノミー」には、スペース、モノ、移動、スキル、お金の五つのカテゴリーがある（**図表5-7**）。一般社団法人シェアリングエコノミー協会の調査では、シェアリングエコノミーの国内市場規模（資産・サービス提供者と利用者の間の取引金額）は、二〇一八年度に過去最高の一兆八八七四億円に達した。二〇三〇年度では最大で一一兆一二七五億円（成長課題が解決したケース）と約六倍の規模に達する見通しだという（**図表5-8**）。

スペースのシェアの代表例は民泊やシェアオフィス、モノのシェアはフリマアプリのメルカリだろう。移動のシェアはカーシェアやサイクルシェア、お金のシェアはクラウドファンディングなどがある。スキルのシェアといえば、家事代行やベビーシッ

図表5-7　シェアリングエコノミー協会による定義

カテゴリー	
スペース	民泊（部屋）
	民泊以外（駐車場、会議室、イベントスペース等）
モノ	売買（フリマアプリ等）
	レンタル（高級バッグ、洋服等）
移動	カーシェア
	サイクルシェア
	その他（料理の運搬、買い物代行等）
スキル	対面型（家事、育児等）
	非対面型（記事執筆、データ入力等）
お金	購入型（必要金額が集まった場合に商品開発・イベント等を実施）
	その他（寄付、貸付、株式購入等）

出典：シェアリングエコノミー協会プレスリリース（2019年4月9日付）より一部抜粋

図表5-8　シェアリングエコノミーの市場規模（推計）

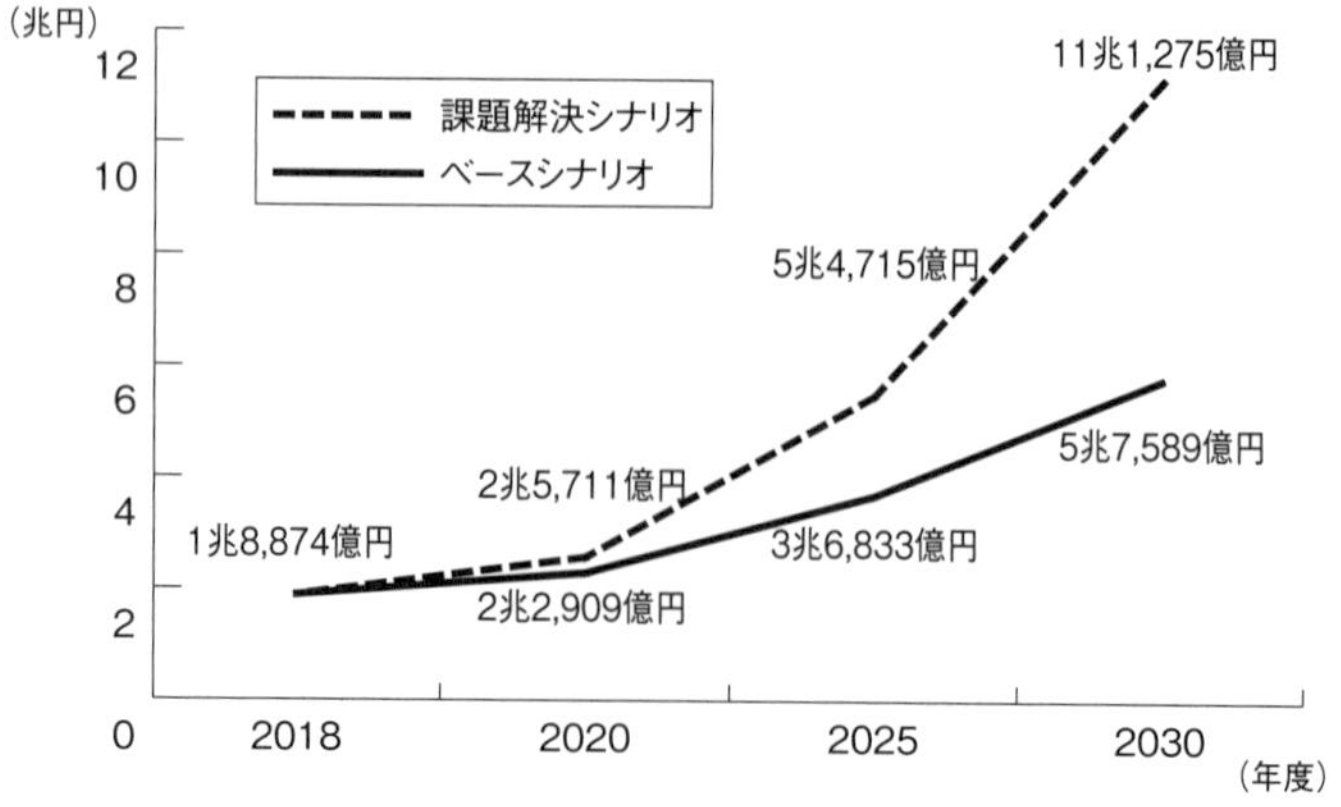

出典：シェアリングエコノミー協会プレスリリース（2019年4月9日付）

ターの派遣がイメージしやすいだろう。このうち、「知識、教える、教わる」に特化したスキルシェアを展開しているのがストリートアカデミーである。

●学びのハードルを下げて若者を取り込む

社会人の学び市場は現在二兆円ともいわれており、その大半を占めるのは専門学校や各種スクール。例えば、料理なら「ＡＢＣクッキングスタジオ」、資格なら「ヒューマンアカデミー」、パソコン教室なら「アビバ」などが有名である。

ただ、「今の若者、特にミレニアル世代（二〇〇〇年代に成人・社会人を迎える世代。一九八〇年代〜二〇〇〇年代初頭に生まれた人をいう場合が多い）は『ちょっとやってみたい』と気軽に物事にトライする人が多い。金銭面やコース制などの煩雑さから専門学校・スクールはハードルが高すぎるので、供給スタイルをもっとカジュアルに、多くの若者が学びやすい環境をつくりたかった」と藤本氏。

さらに、「すでに教養を身に付けている大人には、各々の強みを共有する場をつくって提供し、そこに人が集えば学校になるというコンセプトにしたかった」と続ける。

創業のきっかけになったのは、藤本氏の妻のケーキ教室だった。

「米国留学の際、妻も同伴でした。もともとケーキ教室を主宰していた妻は、米国でも教室を開催。すると予想以上に大ヒットしたのです。米国人は妻がつくるヘルシーでライトなサワークリームのケーキなんて食べたことがなく、新鮮だったようです」

ところが、帰国して東京・恵比寿に新居を構え、ケーキ教室を開業したがうまくいかず、不採算のため撤退。「恵比寿こそこういった需要がたくさんあると思い込んでいました。このとき、『教えるニーズ』と『知りたいニーズ』をうまくマッチングする場をつくるべきと実感しました。同時に、先生は『法人』ではなく、得意分野を持つ『個人』であるほうが選択肢はぐっと増えると思いました」

●約二万人の講師が登録、学びのジャンルは一七〇以上

同社の「ストアカ」は、〝学びのマッチング〟のプラットフォームだ。その仕組みは、ウェブやアプリで「先生」が開催告知を行ない、募集を受け付ける。そこへ学びたい人が受講予約をし、対面形式のリアルの場で学び、修了したら口コミレビューを書いてもらう、というものである。

対象は個人だけでなく、法人の場合もある。講座全体のうち一五％程度は法人が開催。教える側だけでなく、学ぶ側が法人の場合もある。例えば、人事担当者がストアカに人気講師の派遣を依頼し、数十～数百人の社員に受講させる企業もある。また、

「教えたい人」と「学びたい人」をウェブ上でマッチング。「学びの選択肢を増やし、自由に生きる人を増やす」ことが同社のミッションだ

法人向けサービス「オフィスク」では二〇一九年五月から、定額制の講師派遣プランも用意している。

ストアカのサービスは入会金や月謝が不要だ。基本的には単発の受講が前提で、受講料のやりとりもオンライン上で事前に完結。そのため金銭面でトラブルになることは少なく、講師側も当日お金のやりとりをする必要がない。何を、どのように、何人に対し、いくらで提供するか、場所や準備物といった必要な情報はすべてサイト上に掲載される。また、講師が教えるたびにデータログを取り、教えた人数や、受講者のレビューなどの実績を蓄積。こうした情報を〝見える化〟し、ひと目で評価と実態が分かるようにしている。

個人が先生としてストアカに登録すると、サイト上の機能がすべて使えるようになる。日程や生徒、集客などはダッシュボードで管理でき、いくら稼いだか、何人教えたかなどの数値は一目瞭然。週間で人気講師ランキングも発表される。ストアカはウェブやアプリを使って集客し、マッチングした際の売上げから手数料を差し引く手数料モデルであり、登録や掲載はすべて無料である。

また、ストアカでは個人が先生になるためのノウハウや心構えをワークショップやオンラインで提供し、個人の講師デビューを後押ししている。二万人近い講師が登録しており、登録生徒は三〇万人にのぼる。学べるジャンルは、従来は「ビジネススキル」がメインだったが、現在は「自分磨き」「趣味&ライフスタイル」「スポーツ体験」が加わり、ジャンルの数は一七〇まで拡大。SNS活用術や靴磨き、包丁の研ぎ方、バック転に至るまで、ジャンルの幅はどんどん拡大を続けている。

企業とのコラボにも積極的だ。例えば、東京メトロ（東京地下鉄）とのコラボで、同社が主催する地下鉄構内カフェでの〝朝活〟にストアカの人気講師を派遣している。ほかに、近鉄百貨店や丸井グループ、博多マルイ、蔦屋書店が開催するワークショップなどでも、ストアカの講師が講座を開催する。こうしたコラボにより、ストアカの認知度を上げるだけでなく、気軽に学ぶことのできるカルチャーを広げることが狙いだという。

●目的意識より「楽しいから学ぶ」が重要

ストアカのサイトのレビューを見ると、講師の指導力に言及するものは少なく、「今日は素晴らしい出会いがありました」「大変刺激をいただきました」「いい気付きを得ました」といったコメントが多い。

つまり、ユーザーはほかの人との出会いや刺激、気付き、いろいろなアイデアを求めているのだ。自分の好きなことや得意な分野をもっと学んでもらうため、ストアカでは新しいジャンルを学ぶたびに、サイト上でコインやメダルなどのディプロマ（認定証）を付与する仕組みを整えている。

ストアカユーザーのなかには、ベンチャー企業へ転職したり、ウェブデザイナーとして独立したり、副業でカメラマンになったりと、自己実現をする人が登場している。彼ら・彼女らに共通するのは、目的意識があってストアカに来たのではなく、刺激が欲しくて、たまたまちょっと学んでみたら面白くて次も学んでみた、という繰り返しを続けてきたこと。その結果、学ぶうちに意欲が芽生え、転職したという。

目的があるから学ぶわけではなく、学び続けると何かをやりたくなる。そして人との出会いがありコミュニティーが広がる。こういう人を世の中に増やすことが、ストアカ本来の狙いなのである。

●ますます高まる「学び直し」の必要性

人生一〇〇年時代の今、大人になっても学び続ける重要性は増している。二〇一七年、首相官邸で「人生１００年時代構想会議」が開催され、リカレント教育の推進がスタートした。

なぜ今、学び直しが必要なのか。従来は、学生時代に学び、成人してからは長期間働き、その後にリタイアするという三分割だった。しかし今では、成人してから再び入学したり、ワーキングホリデーなどの活動を経たり、女性の場合は出産し、パートナーの転勤に付き合うなど、いろいろなサイクルが起こる。「休んで働き、休んで働き……が交差していくなかで、休んで戻ってきたとき、元の仕事とは違う仕事に就かなければならない可能性も高い。そのため、学び続けないと渡り鳥のように渡り歩いていけない」のである。

さらに、例えば、出産休暇を取得した後に会社へ復帰したとき、今後はＡＩ活用により、もともとの職種自体がなくなっている事態も起こり得る。そうしたサイクルの速い時代になると、スキルの衰退（陳腐化）スピードも速まるため、やはり学び続けなければならない。

「学ぶ」ことで、自らのスキルのバージョンアップができ、好きなことや得意分野を知り、人脈ができる。しかし、「教える」とさらにメリットは大きい。まず自分のスキルや経験を棚卸しでき、誰かのニーズを満たせるレベルなのかを確認できる。また、単純に誰かの役に立つ喜びを実感でき、「ありがとう」と言われる。時には教えた相手に「人生が変わった」という話をされることもあり、その喜びは大きい。自分が伝えてフィードバックを得られる「教える」行為は最大のアウトプットの場であり、アウトプットをし続けると、必ず次につながっていく。

実際の事例を見てみよう。大手上場レストランチェーンを定年退職したAさんの場合、最後の仕事は、調理場で働くスタッフから「包丁が切りづらくてストレスだ」と言われたことをきっかけに、社内研修で包丁研ぎを取り入れたプログラムをつくることだった。その後会社を定年退職したAさんは学ぶ側としてストアカに登録したが、誰でも先生になれると知り包丁研ぎを教え始めたところ、主婦の間で大人気に。それがきっかけで、メディアで紹介される機会も増えていったのだ。

また、大手飲料メーカー勤務の三〇歳代男性（Bさん）の場合、Ｏｕｔｌｏｏｋの操作方法の講座を開き、大反響を呼んだ。同社には社員のスキルを共有するための、スキルシェアの社内プログラムがある。当時、働き方改革の担当だったBさんは、多くの社員がＯｕｔｌｏｏｋに時間を取られていることに気付いた。Ｏｕｔｌｏｏｋはメールを送ったり、過去のメールを検索・整理するだけでなく、カレンダー管理や会議室の予約までできる機能があり、多くの人が長時間使っていたのだ。

しかし、Ｏｕｔｌｏｏｋの教本はどこにも存在しなかった。そのため独学で研究し、社内でレクチャーしたところ、大好評だった。そこでストアカを活用して社外でも講師をやってみることに。それがきっかけで業界初のＯｕｔｌｏｏｋ教本を出版するなど、活動の幅が広がっている（この書籍は想像以上の売れ行きで、出版一カ月弱で幾度も重版が決定した）。

●生きたい人生を生きる人を増やす

両親の仕事の都合で、中学、高校、大学まで米国の学校に通った藤本氏は語る。「米国って、『四〇歳からシェフになる』とか言っても誰も驚かない社会。一方、日本だと四〇歳代からのキャリアチェンジはハードルが高いですよね。日本人は優秀なのに、そういう文化はすごくもったいない。学びの選択肢を広げ、キャリアチェンジのハードルを下げることで、自分の生きたい人生を生きる人が増えたらいいな、という思いで今の会社を経営しています」

前述したリンダ・グラットン氏は、自著『ＬＩＦＥ　ＳＨＩＦＴ（ライフ・シフト）』（東洋経済新報社）のなかで、人生一〇〇年時代において「スキルを学び直す期間を設ける必要性」を指摘し、「人生の途中で変化と新しいステージへの移行を成功させる意志と能力＝変身資産」の重要性に言及している。同書も指摘する通り、次につながるような人脈、学ぶという行為そのもの、そして自分の得意を知ることこそ、人生一〇〇年時代を生き抜くために必要不可欠なのである。

(2) いつでも、誰でも、どこでも学べる「公開オンライン講座」

近年、リカレント教育のツールとして注目を浴びているのが、前述した大規模公開オンライン講座のMOOC（ムーク）である。インターネット環境さえあれば、好きな時間に、好きな場所で、好きなだけ学習ができるため、学習意欲を持ちながら仕事や家事に追われて「学び直し」の時間を確保できない社会人にとって、利用メリットは大きい。

事例⑫ 一般社団法人日本オープンオンライン教育推進協議会

無料で学べる日本最大のオンライン大学講座

●受講後に直接講義が受けられる対面学習コースも用意

日本では、二〇一三年に一般社団法人日本オープンオンライン教育推進協議会（JMOOC／ジェイムーク）が設立され、日本版サービスの提供と普及拡大が進められている。公開されている無料講座は、東京大学や早稲田大学をはじめとした有名大学や専門学校、企業、学会などの会員が提供。学べるジャンルは広範囲に及び、累計一四〇講座、五〇万人以上が学習している。

オンライン講座は同協議会公認の複数の配信プラットフォーム、NTTドコモグループ「gacco（ガッコ）」、富士通「Fisdom（フィズダム）」、ネットラーニング「Open Learning（オープンラーニング）」、放送大学「OUJ MOOC（オーユージェイムーク）」を通じて提供されている。

具体的な受講の流れは、ポータルサイトであるJMOOCのサイトにログインし、各プラットフォームで個別に会員登録をするだけで受講できる。基本的な学習単位は一週間で、その週に視聴すべき講義動画が五～一〇本公開される。各講義（一〇分程度）を見終わると確認のための小テストが提示される。一週間の学習が終わると課題が出され、期限内での提出を求められる。一カ月コースの場合は四週繰り返し、最後に総合課題を提出。週ごとの課題と総合課題の全体評価が修了条件を満たしていれば、修了証が発行される（**図表5-9**）。

ほかの受講生と対面で議論を深めたい場合は、掲示板で「ミートアップ」と呼ばれる自主勉強会を企画し、ほかの受講生に呼びかけて集まったり、ほかの受講生が企画するミートアップに参加したりすることができる。受講生は、講義映像で分からなか

図表5-9　JMOOC受講の流れ

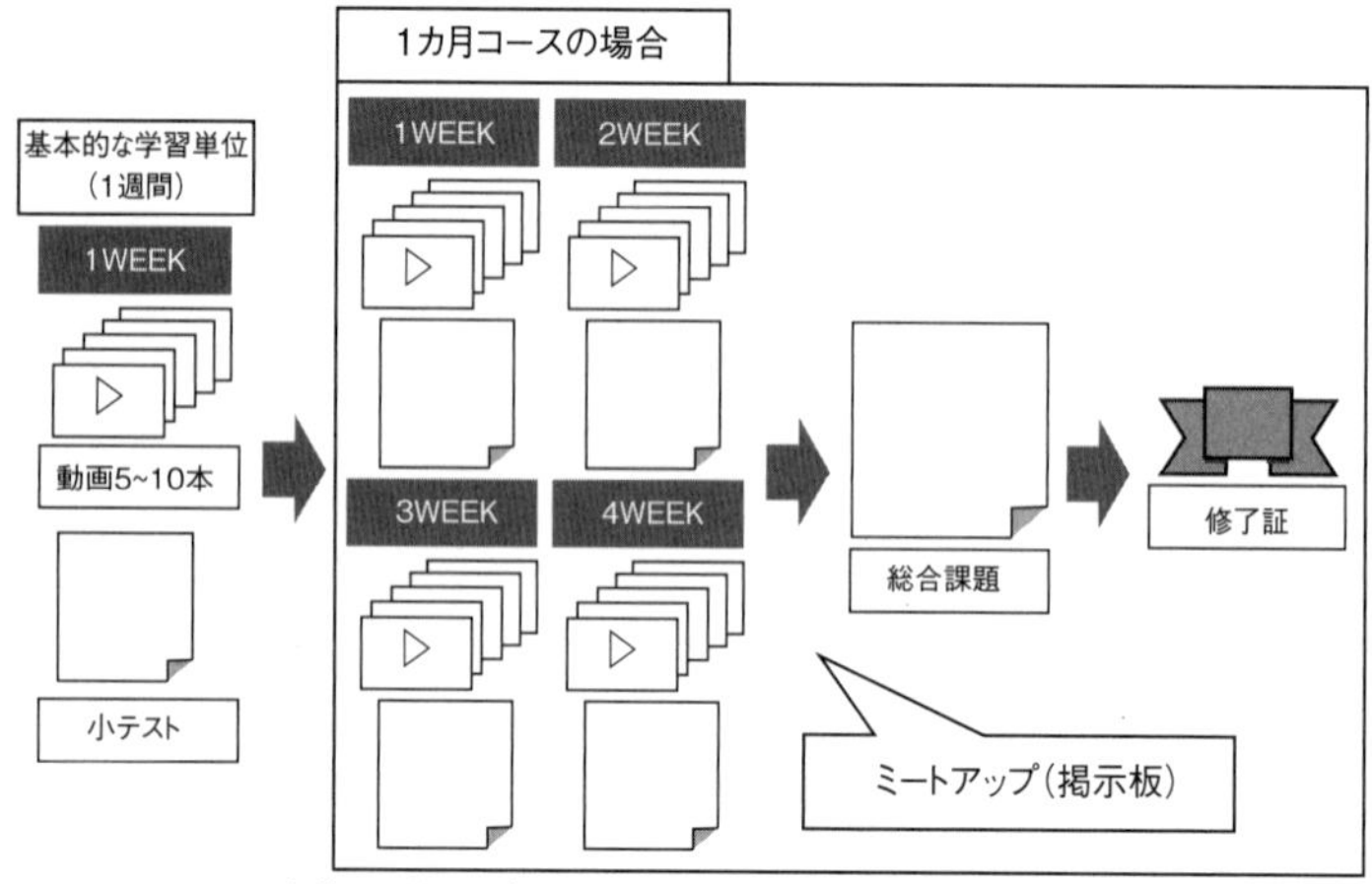

出典：日本オープンオンライン教育推進協議会（JMOOC）ホームページを基に作成

ったことや、理解をさらに深めたい物事について意見を交換したり、互いに教え合ったりなどして学習を進める。

また、一部の講座では、講義映像に登場する講師本人に直接教えてもらえる「対面学習」コースもある（他国のＭＯＯＣでは見られない日本独自の取り組みである）。これは、オンライン動画で基本的な内容を学び、対面授業によって理解をより深めて応用力を養う。

二〇一七年には、製造業の若手技術者の学び直しに向けた「理工系基礎科目シリーズ」をはじめ、ＩＴ人材育成のための再先端ＩＣＴ技術講座（ＩｏＴシステム入門、クラウド基盤構築演習など）も開講。企業内社員研修での活用も視野に入れている。

(3) 動画を活用した学び方と生産性改革

人材採用難が続くなか、人材の早期戦力化、そして〝全員活躍〟に向けた改革は多くの企業にとって待ったなしの課題である。働き方・生産性改革もますます求められるこれからの時代、従業員一人一人が高い生産性を発揮できるリテラシー（読解力・活用力）を持たなければ、企業にとって今後の成長・存続は危ういといわざるを得ない。

こうした背景から近年、多くの企業において、人材育成を体系化してカリキュラムを編成し、「〇〇大学」という名称（アカデミーやカレッジの名を付することもある）をつけた、いわゆる「企業内大学」を設置するケースが増えている。

タナベ経営ではクライアント企業と新しい学び方を実現するため、動画を取り入れた教育プログラムを展開する企業内大学「ＦＣＣアカデミー」の設立を支援している。ある企業では従来、一人前の人材に育つまで三〜五年かかるといわれてきたが、動画を活用することで育成期間の大幅な短期化が図られ、大きな学び方・育ち方改革につながっている。

こうした動画による学びで得られるメリットとしては、次の四つが挙げられる。

①人材成長のスピードアップ(期間短縮)・定着率向上

動画で事前学習を受けた上で、リアルの研修やOJTを受けてインプット、疑似体験、アウトプットのサイクルを回すことで、育成スピードは飛躍的にアップする。これにより早期に会社へ貢献でき、人材の定着率向上につながる。

②ノウハウの伝承・蓄積(技術・技能・理念など)

社内で最も優秀な社員をOJTトレーナーに見立て、そのノウハウをプレゼン資料とデジタル動画で収録。その結果、優秀なモデル人材のスキルやノウハウを、いつでも、どこでも、何回でも学ぶことができる。また、これらの資料・動画を管理・保存することで会社のノウハウとして蓄積される。

③採用ブランディング

FCCアカデミーの活動を対外的にPRすることで、自社独自の人材育成システムの魅力をアピール・差別化でき、人材採用時のブランディングに貢献する。

④チームコミュニケーションと活性化(教え・教えられる社風づくり)

先輩社員が講師となって動画を収録。プレゼンの方法や伝えるスキル・知識の棚卸しなど、「教える」ことで先輩社員自身も「学ぶ」機会を得る。また、動画の編集作業を通じて先輩・後輩双方が教え合い、横の関係でのコミュニケーションを促すことができる。

デジタル時代になり、動画による教育を取り入れることが中堅・中小企業にとっても容易になった。つまり、学び方改革によって人材の能力を高め、生産性改革を進め、人材が活躍する組織やチームを構築する絶好の機会である。FCCアカデミーのような学び方改革は、企業にとっての効果もさることながら、従業員の成長を加速度的に促し、一人一人の活躍の場を広げるのに貢献していることはいうまでもない。

4　学びのコミュニティー「オンラインサロン」

「オンラインサロン」をご存じだろうか。これは一言で表現すると、インターネット上で運営される〝クローズドなコミュニティーサロン〟を指す（サロンとはフランス語で「応接間」「談話室」を意味する）。はじめはタレントやアーティストなどのファンクラブの一環として運営されていたものだが、最近では著名人や専門家が主宰する「学びのコミュニティー」に進化しており、教育業界でも注目を浴びている。

●オンラインサロンの始まり

オンラインサロンは、サロンオーナー（主宰者）が運営する有料会員制のネットコミュニティーである。オーナーはさまざまで、芸能人や著名人をはじめ、特定分野の専門家・有識者など多岐にわたる。会費は月額制で、実名が原則のＦａｃｅｂｏｏｋを使って運営されているところが多い。オンラインによる活動が中心であるが、「オフ会」（オフラインミーティング＝実際に集まって親睦を深める会合）などリアルな場での活動も併せて行なわれている。

オンラインサロンは、二〇一二年にシナプスがオンラインサロンプラットフォーム事業を開始して以降、徐々に市場が形成されてきた（なおシナプスは二〇一七年にDMM.com／ディーエムエムドットコムの子会社となり、同事業は「ＤＭＭオンラインサロン」に統合されている）。

人気に火をつけたのは、二〇一四年に堀江貴文氏が開設したオンラインサロン「堀江貴文イノベーション大学校（以降、ＨＩＵ）」ではなかろうか。ＨＩＵは、「月額一万八〇〇〇円の極上体験」というメッセージを打ち出し、一二六三人（二〇一九年四月時点）の会員を集めている。

堀江氏が先生となり、生徒である会員に手取り足取り何かを教える、というような受動的な学びの場ではない。サロン参加者が自ら企画し、メンバーを巻き込んでアウトプットしていくサロンになっている。一般会員とは別に、法人を対象としたプラン（月額一〇八万円）を開設し、同氏によるアドバイスや提案などビジネスに特化したサロンも展開している。

数あるオンラインサロンのなかでも、圧倒的な会員数を保有しているのが「西野亮《あき》廣《ひろ》エンタメ研究所」である。会員数は二万人（二〇一九年一月時点）を超える。このサロンは名称の通り、お笑いコンビ「キングコング」の西野亮廣氏がオーナーを務めている。

オンラインサロン業界では、堀江氏のＨＩＵが二〇一四年以降、会員数トップであったが、西野氏のサロンが二〇一八年に急激に会員を増やし、第一位となった。月額一〇〇〇円（税込み）と会費が安価であることもさることながら、サロンにアップされる記事が、読み物としても価値が高いことが、人気を博している理由だろう。

●「何を学ぶか」ではなく「誰から学ぶか」

二〇一九年四月時点で、オンラインサロンは五〇〇以上を数える。前述したようなビジネス系サロンが会員数を多く保有しているが、それ以外にもグルメや恋愛、健康などさまざまなテーマのサロンも運営されている。

なぜ、これほど人気を呼んでいるのだろうか。従来のオンライン講座や座学系のスクールは、「コンテンツ」の良し悪しで選ばれていた。しかし、オンラインサロンは「人」の名前で選ばれている。ここが大きな違いだろう。

もちろん、座学スクールや学びのサイトでも人気講師が数多く存在しており、その知名度で集客しているコンテンツもあるが、基本的には「どれだけ多くのコンテンツがあるか」を重視している。一方、オンラインサロンでは「誰が運営しているか」が重要になる。実際、サロンの名称も、主宰者の名前を入れたものが多い。

では、どういった主宰者のもとに会員が集まるのか。それは、一定の層から共感・共鳴を覚えるような生き方を実践している人、それに自分も近づきたい・関わりたいと思われる人ではないだろうか。

実は、私自身もあるオンラインサロンに入会している。本書を執筆するため会員になったわけではなく、単純に興味が湧いたからである。そのサロンは、前述した「西野亮廣エンタメ研究所」である。サロンの運営内容については非公開が原則のため、内容の詳細な紹介は差し控えるが、ここではサロンを通じて個人的に感じたことを三点お伝えしたい。

①西野亮廣氏が全会員と向き合っている

西野氏ご本人も発信している通り、まず感じるのは、同氏がメンバー全員と「仲間」として向き合っていることである。実際、サロンメンバーが何かをする際は応援を惜しまず、直接的なサポートも行なっている。また、ごくまれではあるが、日々の記事のなかで愚痴を言うこともある。取り繕うことなく、本音で向き合っているのである。

②参加方法は人それぞれ

同サロンでは毎日、西野氏の活動や考え方が記事として発信されている。その記事に対してコメントをする人もいれば、「いいね」ボタンを押すだけの人もいる。またリアクションをせず、見ているだけの人もいる。いずれかが正解ということではなく、参加者それぞれの参加の仕方を推奨している。

③目的のためのビジネス発想を忘れない

西野氏はお笑い芸人であり、絵本作家でもあるが、本質は「事業家」だ。何をやるにしても、ビジネス発想で取り組んでいる。立ち上げた事業で結果的に儲けるにしても、私利私欲的に「自分が儲けたい」という動機で始める事業はほとんど見当たらない。自分がやりたいことにすべてを投資している。

いずれにせよ、オンラインサロンの参加者（会員）は、主宰者から自分の学びや気付きの機会を得るとともに、ほかのメンバーの取り組みから刺激をもらって、日々の仕事のモチベーションの糧にしている。オンラインサロンは、どこで学びが終わるのかが自分自身ですらも分からないという、新しい学び方を体験できる場なのである。

第6章

未来の「学び」と「働き方」

1 「学び」と「働き方改革」

内閣府の「年次経済財政報告（経済財政白書）」（二〇一八年度版）によると、学び直し（自己啓発）を行なった人と、行なっていない人の動向を数年間にわたって追跡調査した結果（慶應義塾大学「日本家計パネル調査」）、学び直しを行なった人は、行なわなかった人と比べて年収が一〇万～一六万円近く上昇する効果が見られたという（図表6-1①）。また、職業に就いていない人が学び直しを行なった場合、行なわなかった人と比べて就業する確率が一〇～一四％程度上昇することが分かった（図表6-1②）。

ところが、日本では学び直しをする人が極端に少ない。二五～六四歳の人が大学など教育機関で学び直し（リカレント教育）を受ける人の割合はわずか二・四％で、OECDの平均値（一一％）を大きく下回っているのが現状だ（図表6-2）。なぜ、勉強熱心だといわれる日本人が、学び直しをしないのか。理由は、労働時間が長く、学習時間を確保できないからである。

労働時間が一％減少したときの生活時間に対する効果（平日、正社員）を見ると、労働時間の減少によって自己啓発などの時間が増加する傾向も見られた（図表6-3）。

図表6-1　自己啓発実施後の年収・就業確率の変化

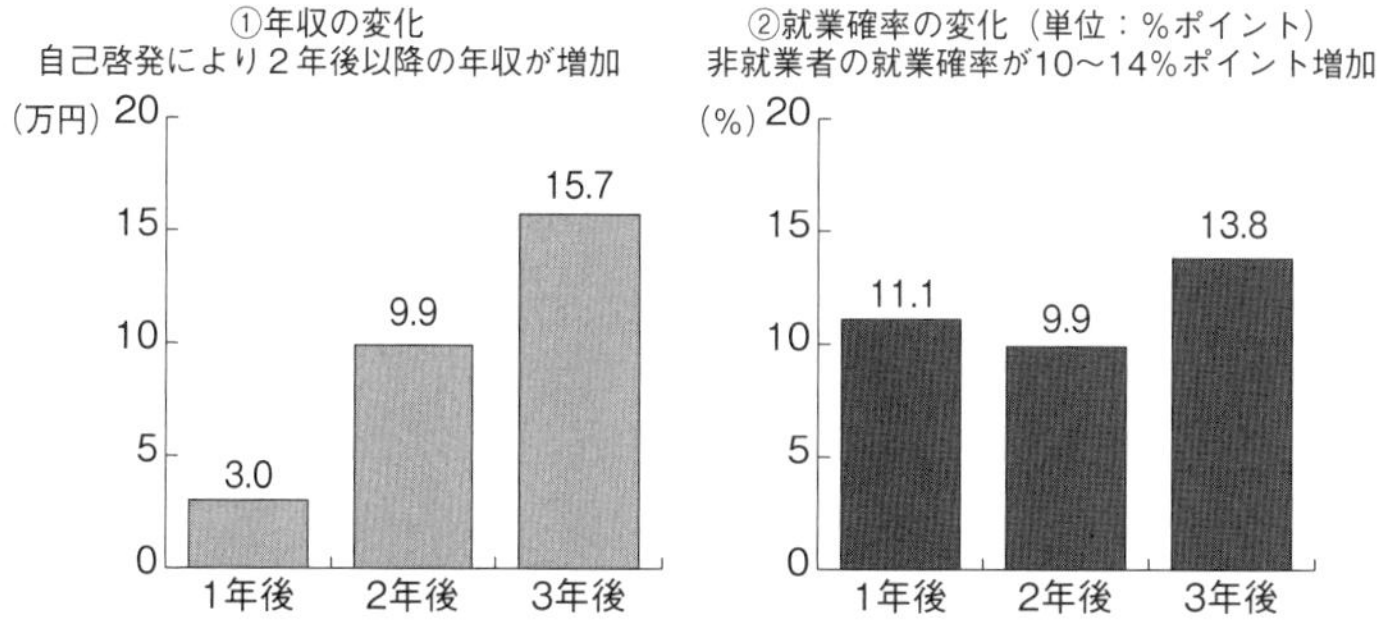

図表6-2　教育機関での学び直しの割合（25〜64歳）

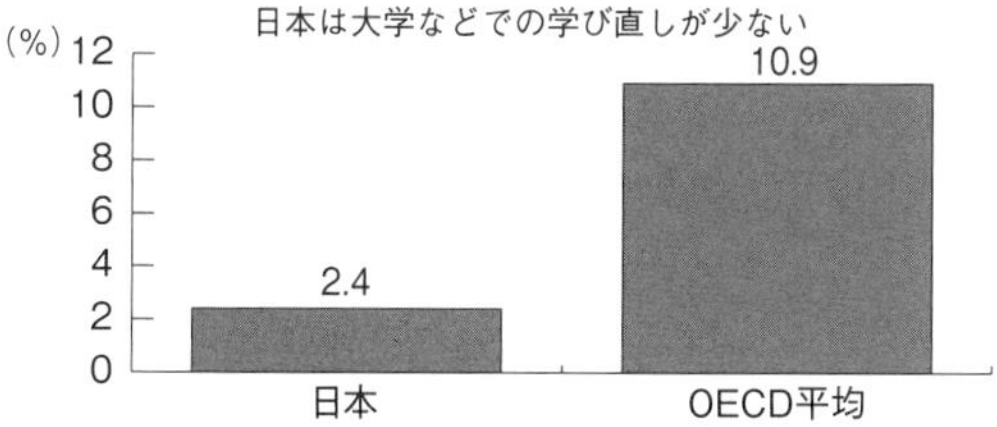

図表6-3　労働時間が1％減少したときの生活時間に対する効果（平日、正社員）

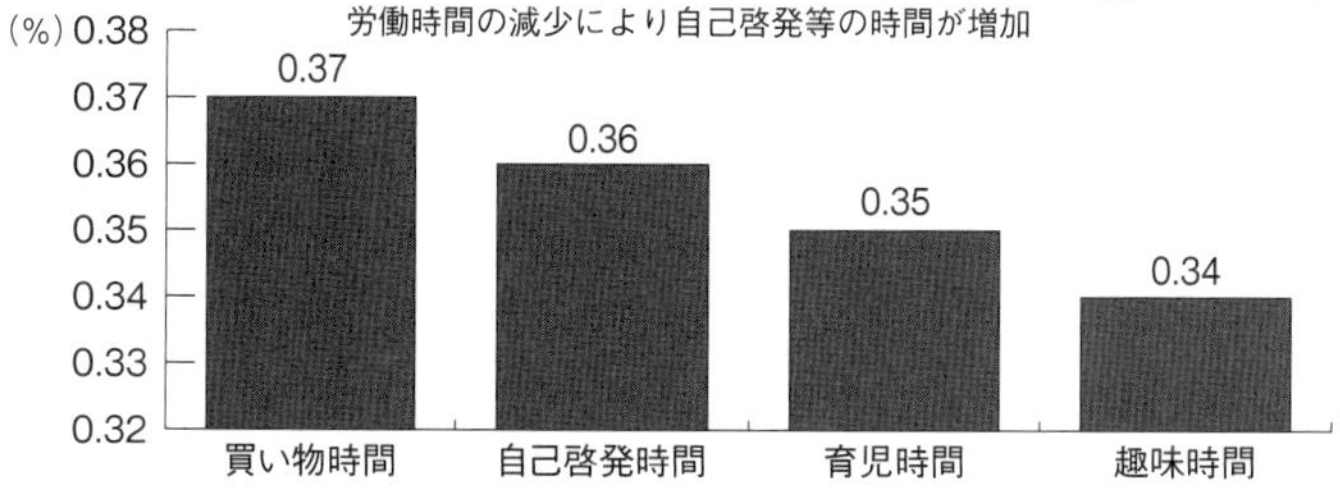

出典：いずれも内閣府「年次経済財政報告」（2018年度版）

そのため、リカレント教育を普及・拡大させるには、「働き方改革」による労働時間の短縮を進めることが重要となっている。

小・中・高・大の学校改革に注目が集まる教育改革だが、最終的な目的は「生涯にわたって生き抜く力」を付けることである。とはいえ、社会の情勢やマーケットは常に変化する。また、今後は労働力減少に伴って、企業の副業解禁や雇用形態の多様化などが図られ、人材の流動化も進む。そうなると必然的に、社会を生き抜く上で必要とされるスキルや知識、キャリアも常に変化していく。

米国の経営学者P・F・ドラッカーは『明日を支配するもの』(ダイヤモンド社)のなかで、現在就いている仕事以外の仕事を持つことを「パラレルキャリア(複数のキャリア形成)」と呼び、第二のキャリア形成を目指すべきだと提唱している。

今後の未来を考えると、学校を卒業したから、一つの技術や資格・語学を習得したから学びをやめるということではなく、生涯を通じて私たちは学び続ける必要がある。ただし、それを実行するには学習時間の確保が不可欠であり、私たち自身の働き方そのものを変えていくことが求められてくる。

第6章では、「働き方改革」の視点で生涯学習にアプローチをしつつ、二〇三〇年という近未来を見据えた「未来の教育」のあり方について述べていきたい。

(1) 近未来における「企業と社員の新しい関係性」

二〇一八年六月に「働き方改革関連法」が可決・成立し、二〇一九年四月から施行された。同法では残業時間の上限規制や年次有給休暇取得の義務化に加え、正規社員と非正規社員の不合理な待遇差を禁止する「同一労働同一賃金」(二〇二〇年四月施行、中小企業は二〇二一年四月から適用)が導入された。

これは、働いた時間の多寡・雇用形態・職能といった「あいまい・不合理」な理由に基づく待遇差をなくし、アウトプットの質や職務による「フェア・合理的」な殊遇《しゅぐう》(ほかより特別によい待遇)を前提とした就業実現に向けた序章にすぎない。本丸は、「非正規社員の処遇改善ではなく、雇用維持が優先されてきた『正社員の働き方の見直し』」「現行の雇用システムのあり方の見直し」である。

これまでのように、「給料をもらう権利を得るため、労働の義務を果たす」「自分のためでなく、会社のために頑張る」という企業と個人の関係下で、組織は能動的に動くだろうか。「果たした義務をかさに権利を主張する」という関係性は、高度経済成長期の価値観を起点とした過去の遺物になりつつある。今後は国内人口の減少と新興国の台頭という内憂外患を抱えた低成長時代がやって来る。不確実性が増すばかりの未来への対応力を高めながら、組織とそこで働く社員との関係性をよくするためには、企業はリスクを取って社員に「自由」を渡していくことが必要である。

すなわち、「自由という権利を行使する代わりに、個人が成果・責任を負う」。そのような未来起点の関係性、自律した個人が組織を動かしていくようなカルチャーへの転換が時代から要求されているのだ。

そのような観点からいえば、断絶すべきは「企業が賃金の形で『個人の時間』を買う」という発想そのものにある。どの企業にも、毎日早朝から深夜まで働いているように見えて、実は大して成果を出していない社員がいる。一方、家事との両立で限られた時間のなか、最大限の成果を出そうとする人もいる。どちらが企業にとって〝価値〟のある社員なのか。そこを改革しないと組織は何も変わらないし、人の生産性も上がらない。

「人材の流動化」「会社に縛られない自律的な働き方」は確実に進む。しかし、それは企業にとって「都合のよい社員」が、今後、ますます減少することを意味する。

(2) 集まることでイノベーションが生まれる

現在、あらゆる産業界で「オープンイノベーション」の取り組みが活発だ。これは新しい技術や新製品を開発する際、既存の組織の枠組みを越え、社外から広く知識・技術の結集を図ることをいう。従来、日本企業は研究者や開発アイデア、技術を自社で囲い込む「クローズドイノベーション（自前主義）」を強みとしてきたが、高速化する技術の進歩と目まぐるしく変化する顧客需要に対し、単独企業の経営資源やノウハウだけで開発することが困難となってきた。

最近は、大学が保有する研究成果や技術シーズを基に起業した大学発ベンチャーや、革新的なデジタル技術で急成長を続けるスタートアップ企業が続々と現れている。さらに、人手不足の進展で企業間の人材獲得競争が激化しつつあり、社内の優秀な開発人材が外部流出（転職）するリスクも高まっている。今後、雇用形態の多様化で人材の流動化が進んでいくと、開発資源をますます外部に依存せざるを得なくなる。

一方、社会の価値観が変わるなかで、働く人にとっての企業の存在意義が「経済活動を行なう（収入を得る）場」から、「社会貢献活動を行なう（やりがいを得る）場」へと変化していく。そして、やりがいを得られる場（企業）に意欲の高い人材が集まり、イノベーションは生まれる。

そこで、業種や業界を超えたオープンイノベーションを狙い、さまざまな技術やアイデアなどを持ち寄って研究する施設（ラボ）や、幅広い分野の知恵や人脈、ノウハウを持つ人材のネットワーク拠点（ハブ）を立ち上げる企業が増えている。

例えば、ICTインフラに関する総合サービスを行なう富士通エフサス（東京都品川区）では、二〇一三年に「フューチャーセンター」を設立し、イノベーションの実践に取り組んでいる。フューチャーセンターとは、「未来について、さまざまなステークホルダーが一堂に会し、議論する場」を意味する。所属する分野や専門性、年齢、地位などの垣根を越え、多様な価値観や知識を持つ人々が集まり、豊かな未来に向けた対話が生まれて新たな解決策が創造される。一九九〇年代にスウェーデンで誕生して以降、企業や大学、行政などセクターを越えたさまざまな組織で普及しつつある。

同センターでは、自社の顧客以外に、企業、自治体、大学などのステークホルダーが集まり、社会問題の解決に向けたディスカッションが行なわれている。社員と多様な人々が触れ合う機会を設けることで、同社はイノベーションの活力とイノベーション人材の創出を図っている。

(3) 副業は、優秀な人を集めるための仕組み

前述した通り、職業人生の期間延長、企業寿命の短縮化、終身雇用制度の崩壊によって、「人生で最低二回の転職（キャリアチェンジ）が必要な時代」が到来した。それ

図表6-4　副業容認のメリット・デメリット

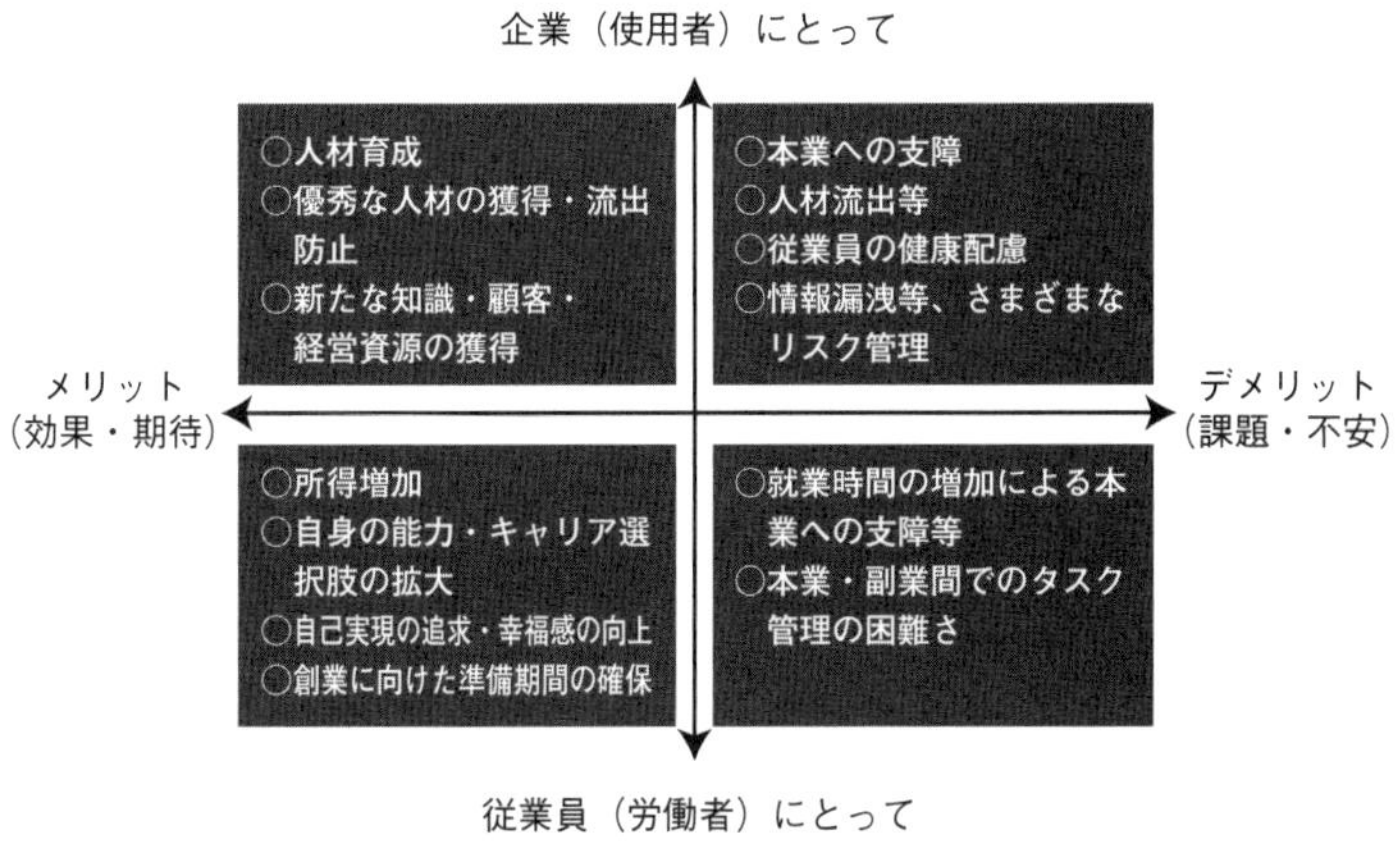

出典：経済産業省「兼業・副業を通じた創業・新事業創出に関する調査事業研究会提言」（2017年3月）

により企業と従業員の関係は「御恩と奉公モデルでの終身雇用関係」から、「相互に補助し合うパートナー関係」へと変化する。その変化に伴い、人材の流動性は今よりも増すだろう。

その環境下では、「人を集められる制度・仕組み」が企業に必要だ。具体的には、その一つとして「副業の許可」を取り上げたい。一般的には、副業の容認にはメリット・デメリットの両面があるといわれている（**図表6-4**）。

現状、副業を容認している企業はまだ少数派だ。本業への悪影響や社外での労災リスクなど、容認するデメリットに注意が向いている企業は多い。だが、その一方では、未来を見据えて解禁を始める動きも出ている。

「一〇〇人いれば、一〇〇通りの人事制度があってよい」という人事方針を掲げるサイボウズは、二〇一二年に〝複業〟（同社では副業をこう呼んでいる）を解禁した。会社の資産を使う場合以外、申請を上げて事前許可を得る必要はない。同社の代表取締役社長・青野慶久氏は、〝複業〟を推進する理由について「当社の事業とはまったく接点のなかった業種を知る機会になり、これまで考えられなかった化学反応が起こる可能性が高いですし、組織の活性化においても大きな効果が期待できると考えています」（『FCC REVIEW』二〇一七年六月号＝タナベ経営発行）と述べている。

リクルートキャリアが実施した「兼業・副業に対する企業の意識調査」（二〇一八年一〇月、三一七一人が回答）によると、兼業・副業を容認・推進している企業の割合は二八・八％と三割近くにのぼった。一方、エン・ジャパンが行なった「『副業』実態調査」（二〇一九年二月、二一三九人が回答）によると、四八％が「副業経験者」だったという。「副業をしたことはないが興味はある」（四五％）を含めると九三％にのぼり、副業への関心が高まっている。

副業解禁へ、価値観は確実に変わり始めているのだ。

2 未来の働き方に向けた、〝未来の学び方〟とは

第6章の締めくくりとして、早稲田大学ビジネススクール（大学院経営管理研究科）教授・池上重輔氏と私との対談を掲載したい。池上教授は経営戦略とグローバル経営を専門分野とし、日本における「ブルーオーシャン戦略」の研究者としても知られるが、実家で学校法人を運営されていることから、日本の教育産業にも詳しい。そこで、日本の未来を見据えた上で、今後、求められる教育とは何か。また、日本の教育産業が目指すべき方向性などについて考察をいただいた。

【対談】早稲田大学ビジネススクール（大学院経営管理研究科）／池上重輔教授
協調しながら、社会を変えていく力を育む

●〝日本の未来の姿〟を見据え、必要な教育を考える

細江 社会が変わりゆくなか、画一的な日本の教育はさまざまな課題を抱えています。変化に対応できる人材を育てるために、教育はどのようにあるべきでしょうか？

池上 まず、未来の教育を考える際に大事なのは、「未来の働き方や未来の暮らしがど

う変わるか」を前提に議論することです。なぜなら、世界における日本の立ち位置によって、教育に求められる要素は変わるためです。

一例を挙げれば、今の日本は世界中から欲しいものを買うことができています。例えば、日本の食料自給率は三八％（二〇一七年度、カロリーベース）と低い水準にあり半分以上を輸入に頼っていますが、今のところ海外に買い負けることはありません。しかし、二〇年後も同じような状況が続いているでしょうか？　最近は中国の購買力が日本を上回っているケースが見受けられますし、近い未来に成長著しいアジアの国々に買い負けることも十分に考えられます。日本の立ち位置が変わるならば、それに合わせて教育も変えていかないとワールドワイドな変化に対応できません。

細江　欲しいものが買いやすい環境とそうでない環境では、必要とされるスキルが当然異なります。後者の場合、グローバルなビジネスにおいて今以上にコミュニケーション力や交渉力などのスキルが必要になるでしょう。

池上　変化についていえば、今は海外で活躍するグローバル人材と国内で働くローカル人材を分けて考えがちですが、個人的には分けられなくなるだろうと思います。国内の名だたるトップ企業のリーダーをヒアリングして分かったのは、向こう一〇年、二〇年と〝収益を伴って〟拡張し続けるビジネスが、国内にほとんど存在しないということ。ヘルスケアや医療分野は成長産業といわれていて確かに顧客数は増えますが、そこに投入される金額はあまり増えないのでビジネスの単価はかえって下がり、収益率は悪化するかもしれません。やり方次第ですが、国内で持続的収益拡張が期待できるのは「インバウンド（訪日外国人旅行）ビジネス」です。観光にとどまらず、不動産投資や企業投資、留学など、あらゆる分野がインバウンドに対応していかないと、収益を伸ばしていくことはできないでしょう。

池上 重 輔《いけがみじゅうすけ》氏

早稲田大学商学部卒業。一橋大学にて博士号（経営学）を取得。ボストン・コンサルティング・グループ（BCG）、MARS JAPAN、ソフトバンクECホールディングス、ニッセイ・キャピタルを経て、2016年より現職。国際ビジネス研究学会（JAIBS）国際委員会委員。2015年より東洋インキSCホールディングス社外監査役。英国ケンブリッジ大学ジャッジ経営大学院MBA、英国立シェフィールド大学政治学部大学院修士課程国際関係学修士、英国立ケント大学社会科学部大学院修士課程国際関係学修士。専門分野は経営戦略、グローバル経営。実家は不登校生を主な対象とする通信制高校などを運営する、学校法人池上学園を営む。

筆者（細江）

細江　インバウンドをビジネスの柱に据えるならば、国内から出ないローカルな人々であっても、グローバルな対応やビジネススキルが必要になるということですね。

池上　その通りです。国内では、これまではほとんどのビジネスにおいて日本人だけを相手にしてきたため、阿吽《あうん》の呼吸でうまく回っていた側面があります。少し前に話題になった「忖度《そんたく》」もその一つでしょう。しかし、外国人を相手にするとなると、グローバルで用いられるロジックや計算が必須です。ローカル人材であっても英語をはじめとする言語への対応はもちろん、異文化マネジメント力を養うことが不可欠になるでしょう。つまり、私たちは未来のシナリオをある程度予測して、それにどう対応するかという視点から教育の要素を考えていく必要があります。

細江　とても共感します。しかし、現状の学校教育がそうした視点から組み立てられているかは、はなはだ疑問です。

池上　そこが問題です。本来は未来図をきちんと捉えた上で必要なスキルや要素を逆算して考えるべきですが、実際はシナリオを想定した上でスキル設定を行なっている人はほとんどいません。日本のＧＤＰが縮小してインバウンドが国内経済の一つの柱になるというのは、世界情勢や国内環境から見ても有力なシナリオだと私は思いますが、現実になってから急に「私たちも変わりましょう」と言われても、簡単には変われません。また、現在の日本の立ち位置を前提に教育の要素を決めていては、一〇年後、二〇年後に必要な知識やスキルなどは到底習得できません。まずは世界経済や地政学的な観点から未来を見据えて、必要になるスキルを子どもの教育の段階から組み込んでいくことが大事なのです。

●実績とブランディングで未来は変えられる

細江　未来の日本の立ち位置をどう捉えるかが、教育を考える上で重要であることがよく分かりました。未来の立ち位置は、社会がどう変わるかに影響されますが、言い換えれば社会の変化に対応する教育によって未来の立ち位置を変えることも可能になるといえます。

池上　日本の立ち位置を変えていく方法はさまざまありますが、一つは日本のエクスポージャー（海外における存在感）を上げること。それには実績とブランディングの両方が必要です。実績がブランドに反映されるわけですが、あくまでブランドは外から見た評価であり、世界との相対的な位置付けのなかでブランディングしていく必要があります。

その意味では、ダボス会議で有名な世界経済フォーラムが発表する「国際競争力ランキング」は世界的な認知度や信頼度が比較的高いため、ブランディングプロモーションとして活用できると思います。今年度から日本の調査を私が担当することになり、経済同友会とご一緒にアンケート調査を行なっているところですが、同調査ではさまざまな観点から競争力がランク付けされており、日本の立ち位置を客観的に見ることができますし、ブランドの発信だけでなく、評価の低い項目に関しては反省する基軸になり得ます。また、国内に向けてランキングをアナウンスすることで日本の立ち位置について考えるきっかけになります。

細江　国内市場をビジネスの主戦場とするローカルは、日本の魅力や競争力についてあまり意識していませんが、インバウンドを想定したビジネスを考える上で、ランキングから学ぶ点はたくさんあります。

池上　もう一つ、実績についてはイノベーションが必要です。日本のイノベーションの現状について少し説明すると、優れた特許の件数を比較した「イノベーションランキング」トップ一〇〇社のうち日本企業が約四〇社を占めています。研究開発において日本企業は高い成果を上げているといえるでしょう。一方、「世界の時価総額ランキング」を見ると、上位一〇〇社では三社程度、上位五〇社に入る企業はわずか一社です。この二つのデータから分かるのは、日本ではイノベーションのほとんどが収益を上げる事業につながっていないという実態です。国内ではイノベーションを起こすことばかりが注目されていますが、イノベーションさえあれば事業が拡張し実績が上がるかといえば、答えは「ノー」。イノベーションはもちろん大事ですが、今の日本に欠けているのは、イノベーションを事業化する方法論だと私は思います。

細江　素晴らしい種を持っていても、正しい手順で育てていかないときれいな花を咲かせることはできません。事業化までのプロセスが共有できれば、より多くのイノベーションを収益が出る事業に育てることができます。実績が上がれば世界における未来の日本の立ち位置を変えることにもつながります。

池上　大事なのは、みんなの合意を取りながらよりよい場所にたどり着くこと。そのためにはイノベーションだけでなく、方法論に関する教育も広げていく必要があります。

●学校教育にリーダーシップ教育を

細江　イノベーションが事業化に至るには、多くの部門、人の協力が欠かせません。「みんなの合意を取りながら」というのは大事なポイントですが、合意を取りながら進めるにはリーダーシップが不可欠です。私は企業の人材育成に関わる機会が多くありますが、社会人になる前からリーダーシップ教育を行なったほうが高い効果が得られるのではないかと感じています。

池上　同感ですね。集団教育において平等や協調性が重視されてきたことも影響しているでしょうが、日本のリーダーシップ教育の遅れは否定できません。学校教育においても、そろそろ本格的にリーダーシップ教育に取り組むべき時期だと思います。何より、今からグローバルリーダーシップを念頭に置いたリーダーシップ教育を組み入れておけば、一〇年先、一五年先には素晴らしいリーダーが誕生して変革を起こす可能性は大いにあります。

ただし、子どもへの教育については、知識やスキルを順番に詰め込むのではなく、発達段階に合った形で組み込んでいく視点が欠かせません。子どもの理解度や興味・関心に合わせることは非常に重要ですが、見落とされがちな部分です。

細江　日本には「出る杭は打たれる」という言葉がありますが、こうした文化や国民性もリーダーシップ教育を難しくしている要因ではないでしょうか？

池上　同調圧力が強いのは確かでしょう。さらに、日本の嫉妬の構造は悩ましい問題です。ある研究によれば、国によって嫉妬への反応は異なるそうです。日本人の多くは他人から嫉妬されると萎縮してしまいますが、欧米の場合はそれとは逆の反応を示す人の割合が高い。他人からの嫉妬を、「嫉妬されるほど素晴らしい自分をもっと打ち出そう」「嫉妬される部分をもっと伸ばそう」といったポジティブなパワーにつなげる傾向があるそうです。

細江　他人からの嫉妬の捉え方にも国によって違いがあるとは面白いですね。こうした違いを踏まえて、グローバルリーダーシップ教育を考える必要があります。

池上　これからのリーダーシップに、周囲と協調しながら現状を変えていくスキルが求められるのと同じく、日本の立ち位置が変わっていくことを社会全体に伝えることも大事です。日本ではイニシアティブを取って変革を目指すリーダーの前には、必ず立ちはだかろうとする圧力が存在します。多くの場合は、上の世代だったり、その分野の重鎮の存在だったりしますが、「世の中は変わっていくのだから、皆さんも変わったほうがよいですよ」と伝えていくのも教育。変化しやすいように社会の空気を変えていくことは、広い意味でリカレント教育に含まれます。教育の対象は若い世代や子どもだけではありません。変革を起こす人材を育てる教育も大事ですが、そうした人を邪魔しない土壌もやはり教育を通して培っていくべきだと思います。

●求められる「異文化マネジメント力」と「アサーティブネス」

細江　リカレント教育と聞くとスキル教育に目が行きがちですが、よりよい未来のための教育という意味では、広く社会に向けて力を注いでいくべき分野ですね。特に、インバウンドが日本経済の柱になるとすれば、地域社会の理解や協力が欠かせません。個々の生活も大事ですが、地域や日本全体の未来を考える視点を伝えていくことは教育の課題でもあります。

池上　ダイバーシティーが進む社会において、私が重視しているのは「アサーティブネス」です。アサーティブは、日本語では「主張力」と訳されますが、もっと複雑な

ニュアンスを持った概念です。アサーティブとは、簡単にいえば「協調性を持ちながら主張したいことを相手に伝えていく力」。日本では、主張が強いことに対してあまりよいイメージは持たれませんが、異文化マネジメントとともに重要なスキルになっています。自分と異なる価値観や前提を認めながら対応する異文化マネジメントがあり、その上にアサーティブネスがあります。

細江　異文化マネジメントとアサーティブネスがあってこそ、協調性を持ちながら変えていくことが可能になる。アサーティブネスは、グローバルなビジネスだけでなく、ローカルであっても変化を味方につけるために不可欠なスキルであることは間違いありません。

池上　おっしゃる通りです。アサーティブネスと、異文化マネジメントの二つのキーワードが今後の教育の軸になるだろうと個人的には考えています。そのベースとしてコミュニケーション力や考える力を伸ばす教育がある。グローバル、ローカルの双方に必要な教育だと考えています。加えて、もう少し多様な価値観が日本にあったほうがよいと感じています。

細江　ローカルであっても価値観の多様化は確実に進んでいます。地方であっても海外にルーツを持つ方が増えていますし、国を挙げてダイバーシティーを推進していく過程で、必然的に価値観は多様化していくのではないでしょうか?

池上　個人や集団の文化が少しずつ変遷しているのは確かですが、価値観については意図的に変えていかないとインバウンドに対応するのは難しいように思います。なぜなら、知らず知らずのうちに染みついている価値観は、思っている以上に根深いものです。例えば、「よいモノを安く売ることはよいことだ」という価値観をほとんどの日本人は疑わないでしょう。この価値観は製造業だけでなくサービス産業においても浸透しており、例えば、日本のホテルは特別なサービスを提供していても、同じクラスに属するほかのホテルと同じような価格設定がなされています。

ですが私は、海外にあるような一泊一〇〇万円を超えるようなラグジュアリーな価格帯のホテルがあってもいいと思っています。世界ではラグジュアリー層を対象とする高額な価格設定を当然とする価値観が存在しているのですから。ただ、これまでの価値観から日本人は高額な料金に背徳感に似た感情を持っており、最高級のサービスに対しても廉価な価格設定をしがちです。しかし、ハイサービス・ロープライスのしわ寄せは、観光地の疲弊という形で顕在化しつつあります。実際に沖縄では、観光客数がハワイを超えたにもかかわらず、観光産業への就職を若者たちが敬遠する流れが鮮明になっているようです。

細江　ダイバーシティーの核となるのは価値観の多様性を認めること。ただ、自分でも意識しないうちに古い価値観に縛られていることに気付かされます。また、それが変化に対する制約になっていることには注意が必要です。

池上　日本の義務教育は画一的であるため、同一の価値観が生まれやすい傾向がありました。さらにいえば、集団教育では調和を図ることが重視されており、同調圧力を醸成する側面もあります。何を学ぶかという教育の要素を考えることは大事ですが、個別と集団といった教育の枠組みや学び方の選択肢を増やすことについても議論が必要でしょう。

細江　選択肢は確実に広がっています。例えば、オンライン学習による通信制高校のN高や、幼児教育から高校まで手がける鴎州コーポレーションなどは、教育が変わりつつあることを示すよい事例といえます。教育改革はスタートしていますが、成果が出てくるのは先のこと。だからこそ、その先を見据えておかないといけません。

おわりに

ロボットを買ってみた

私は、「面白い」と思ったものは、まず自分でやってみることを心がけている。

先日、私がリーダーを務めている「教育・学習ビジネス研究会」で、阪急阪神ホールディングスのグループ会社「ミマモルメ」を訪問させていただいた。阪急阪神ホールディングスの社内ベンチャー制度から立ち上がった会社で読売新聞社もサポーターとして参画している。

同社がプロデュースしているサービスに、「プログラボ」というロボットプログラミング教室がある。私たちが大阪・豊中市にあるプログラボ千里中央教室へうかがったところ、同社・小坂光彦社長のアテンドで、ロボットの全国大会へ関西代表として出場するチームに会うことができた。年長者が中学1年生、年少者は小学5年生という、一〇人程度の男女混合チームだった。プログラミングを楽しむのは男の子が多いというイメージを持っていたが、男女ほぼ同数の割合でチームが構成されていた。実際、教室に通う女の子も増えているそうだ。

ロボット大会では、ロボットの製作やプログラミングだけではなく、プレゼンテーションもある。全国大会の一週間前ということもあり、そのプレゼンを私たちの前で披露してもらった。テーマは「宇宙での生態系」。ちなみに、人気コミック『テラフォーマーズ』（ヤングジャンプ・コミックス、集英社）では火星に放ったゴキブリが人間を襲う設定だが、チームのテーマはゴキブリではなく「ハエ」であった。

チームのメンバーにそれぞれ役割を決めて、調査や分析を行ない、その結果をプレゼンしてもらった。関西ならではの漫才風プレゼンというのだろうか、大変ユニークで見る人を魅了するプレゼンであった。

子どもが熱心に取り組むプログラミング教育。教育改革においては小学校で必修化されるが、さて大人の自分にはできるだろうかと考えさせられた。そこで私は、その日の帰り道にアマゾンアプリを開き、ＬＥＧＯ社のプログラミングロボットを買ってみた。

これは、動物や乗り物、機械、道具などオリジナルのＬＥＧＯロボットをつくることができるものである。パーツとプログラミングブロック、モーター、センサーを組み合わせ、歩く、話す、つかむ、考える、撃つなどいろいろな動作が楽しめる。また、無料のプログラミングソフトウエアが配布されており、タブレットやパソコンでオリジナルのプログラムも制作できる。

後日、わが家に到着。共につくるチームメイトは、私の子ども二人だ。まず、ｉＰａｄでアプリをダウンロードし、その説明に沿ってロボットを組み立てる。（子どもたちがけんかをしながら）一つ一つのパーツが出来上がっていくと、今度はそのパーツを動かすプログラミングを行なう。そのプロセスを数回繰り返すと、最終的にロボットが完成するようになっていた。

その後は、作成過程で学んだプログラミングを駆使して、自分の動かしたいように工夫する。例えば、ロボットにミサイルを付けて発射したり、ゴルフをさせたり、ダンスをさせたり、さまざまなプログラムをつくることができる。

社員教育に展開してみた

こういった一つのテーマに対する協働の取り組みは、「チームビルディング」（メンバー同士が一丸となってゴールを目指す組織づくり）に展開できる。そこで、当社のクライアントにご協力をいただき、ＬＥＧＯ社のプログラミングロボットを社員教育に取り入れてみた。

カリキュラムは三日間の構成とした。

一日目：セッション①　チームビルディング
　　　　セッション②　ロボットとプログラミングの仕組みの理解
　　　　ワーク①　ロボットの製作
二日目：ワーク②　プログラムの設定・操作
　　　　ワーク③　ミッション達成に向けた計画立案
三日目：ワーク④　チームビルディングによるロボットプログラム制作
　　　　ワーク⑤　成果発表

一日目は、ロボットやプログラミングについてレクチャーをし、基本知識や仕組みを理解してもらう。その後、チームでコンテンツ（ＬＥＧＯ社のプログラミングロボット）の理解に努め、会社からミッションを与える。そのミッションを達成するために、チームの活動として誰が何を担当し、どういった手順で進めていくかの計画を立ててもらう。

二日目は、原則としてその計画に即してロボットの製作を進めていくが、計画の修正が必要な場合には、講師に対して計画修正とその理由について説明してもらう。講師が承認した後、その修正計画に基づいてワークを継続させる。

三日目は、会社の役員に対し、自分たちが製作したプログラミングロボットで成果発表を行なってもらう。その後、チームビルディングについてレクチャーを行ない、自分たちが行なった三日間の振り返りをワークで行なう。

このプロセスは、仕事のPDCAサイクルを学ぶとともに、組織のなかでの働き方の「気付き」を得るという意味で、とても有効な手段だと実感した。

新たな教育を受けた新人類

本書では、さまざまな教育現場の事例を紹介したが、これらはほんの一部にすぎない。いずれにせよ、子どもの学びの定義が再設定されるなか、今後は教育の中身が変わっていく。その教育を受けた子どもたちが、これから会社に入社してくるのだ。かつて私たちが受けてきた〝金太郎あめ〟的な均一の教育ではなく、答えのない多種多様な価値観を醸成する、そういった新しい教育を受けた「新人類」を、あなたの会社は受け入れることができるだろうか。

私は、受け入れる側が率先して、二〇二〇年度を境に始まる新しい教育について、もっと学ばなければならないと考える。そうして学びながら、私たちも多様な価値観を持つ必要がある。〝新人類たち〟に先行されないためにも、企業自身が学び続ける必要があるのだ。

拙著が、その重要性をご理解いただくきっかけとなることを祈念し、筆を置きたい。

細江　一樹

［著者］
細江 一樹（ほそえ・かずき）
タナベ経営 教育・学習ビジネスコンサルティングチーム リーダー
「人事制度で人を育てる」をモットーに、制度構築を通じた人材育成はもちろんのこと、高齢者・女性の活躍を推進する制度の導入などを通じ、社員総活躍の場を広げている。人を生かす独自のアイデアを数多く生み出し、ソフトな語り口での提案と、本質をズバリ提言するコンサルティング展開で、クライアントから高い評価を得ている。

［編者］
タナベ経営 教育・学習ビジネスコンサルティングチーム
コンサルティングファーム・タナベ経営の全国主要都市10拠点における、教育・学習ビジネス専門のコンサルティングチーム。教育界のビジネスモデルを生涯教育・学習の視点で考え、新たな事業価値創造につなげることで、多くの実績を上げている。

ファーストコールカンパニーシリーズ
教育改革を先導しているリーダーたち
――働き方改革より〝学び方改革〟から始めよう

2019年8月21日　第1刷発行

著　者――細江 一樹
編　者――タナベ経営 教育・学習ビジネスコンサルティングチーム
発行所――ダイヤモンド社
〒150-8409　東京都渋谷区神宮前6-12-17
http://www.diamond.co.jp/
電話／03･5778･7235（編集）　03･5778･7240（販売）
装丁――――斉藤よしのぶ
編集協力――安藤柾樹（クロスロード）
製作進行――ダイヤモンド・グラフィック社
DTP ―――インタラクティブ
印刷――――加藤文明社
製本――――本間製本
編集担当――小出康成

ISBN 978-4-478-10800-0